editora
Editora Gente
Infinito

CONTATOS COM O AUTOR

www.shinyashiki.com.br
*e-mail*: rshinyashiki@uol.com.br
Tel: (0xx11) 3872-6104

Roberto Shinyashiki

# Os Donos do Futuro

editora Infinito

Editora *Rosely M. Boschini*
Capa *Magy Imoberdorf*
Projeto gráfico *Traço Studio*
Foto capa *José Daloia Neto*
Foto miolo *Cássio de Almeida Silva*
Preparação *Elvira Gago*
*Ciça Caropreso*
Revisão *Maria Alayde Carvalho*
Editoração eletrônica *Saga Ltda.*

**Dados Internacionais de Catalogação na Publicação (CIP)**
**(Câmara Brasileira do Livro, SP, Brasil)**

Shinyashiki, Roberto T., 1952-

Os donos do futuro / Roberto Shinyashiki. — São Paulo : Editora Infinito, 2000.

Bibliografia.
ISBN 85-87881-07-8

1. Equipe de trabalho 2. Felicidade 3. Psicologia aplicada 4. Qualidade de vida 5. Relações interpessoais 6. Sucesso I. Título.

00-2174 CDD-158.1

**Índices para catálogo sistemático:**
1. Felicidade : Psicologia aplicada 158.1
2. Sucesso : Psicologia aplicada 158.1


Rua Pedro Soares de Almeida, 114. São Paulo, SP
CEP 05029-030. Telefax: (11) 3675-2505
Endereço na Internet: http://www.editoragente.com.br
E-mail: gente@editoragente.com.br
Telefone: 0800-177333

*A todos aqueles que vivem*
*determinados a realizar os seus sonhos*

# Uma palavra do autor

Quero agradecer a Rosely Boschini, Magy Imoberdorf, Laís Tapajós, Anderson Cavalcanti, Margaret Miraglia, Dárcio Sapupo, Goimar Dantas, José Maria dos Santos, Philipe Torii, Rosângela Barbosa. A toda a turma da Editora Gente e do Instituto Gente pela dedicação a este trabalho. Vocês formam uma equipe perfeita que me motiva, protege e me obriga a crescer. Tenho total certeza de que o apoio de vocês conferiu maior qualidade a este livro.

Quero agradecer a minha esposa, Claudia B. Shinyashiki, e a meus filhos, Marina, André, Arthur, Ricardo e Leandro, por ser a fonte de inspiração em meu crescimento pessoal.

Quero agradecer aos amigos que leram os originais e fizeram críticas e comentários que me ajudaram a aprimorar o texto.

Quero especialmente agradecer a tantos leitores que me enviaram idéias, histórias e anedotas. Infelizmente, a maioria me chega sem a referência da fonte e, por isso, não posso citar sua origem. No final do livro, o leitor encontrará uma lista de referências bibliográficas, fonte de algumas idéias e inspiração de outras.

Obrigado a todos vocês por tornar mais fácil a realização de minha missão de vida.

# Sumário

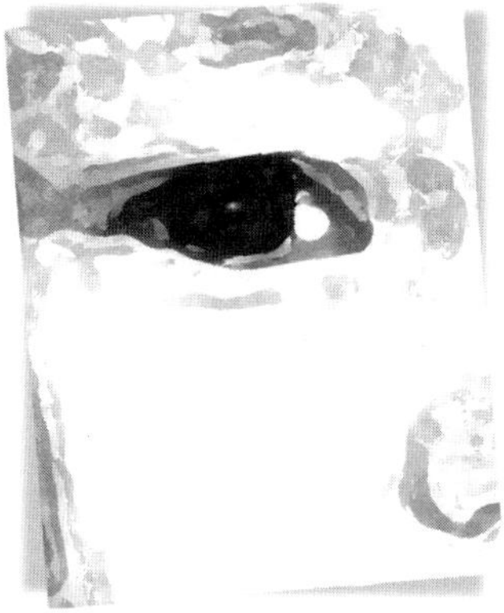

"

*Nós aprendemos a voar como*
*os pássaros, a nadar como os peixes,*
*mas não aprendemos*
*a conviver como irmãos.*

"

*Martin Luther King*

# Apresentação

O FUTURO A DEUS PERTENCE.

Escutei essa frase muitas vezes em minha infância. A vida traz tantas surpresas, tantos mistérios que a gente nunca sabe como vai encontrar uma pessoa amanhã ou depois. Quem hoje ocupa determinada posição social seis meses ou um ano mais tarde pode estar em outra situação, totalmente diferente. E a beleza da vida está justamente nisso: nas incertezas que o tempo nos reserva.

Você já imaginou como a vida seria aborrecida se apenas a lógica prevalecesse? O filho do pobre seria sempre pobre, e o do rico, sempre rico porque freqüenta as melhores escolas, tem os melhores professores e todo o tempo do mundo para estudar. A empresa com nome e capital seria a líder do mercado... Os times com o melhor elenco sempre ganhariam o campeonato... O executivo de educação refinada seria sempre bem-sucedido na carreira e teria as melhores oportunidades...

A delícia da vida é o seu mistério, que apronta uma surpresa à lógica todos os dias, que destrói as previsões dos analistas mais competentes, que faz com que aquele aluno desprezado pelos professores se torne um Einstein, que transforma uma pequena empresa, prestes a fechar depois de alguns anos de existência, na gigante do seu setor. Que faz com que um time sem grandes nomes se supere e ganhe o título.

Talvez você esteja se perguntando: "Mas então não dá pra fazer nada? Não podemos mudar o futuro? Temos que nos conformar com o que virá?"

Claro que NÃO! Apesar das incertezas, dos desígnios de Deus, podemos administrar o futuro para que ele nos traga conforto e alegria. Com maneiras novas, coerentes com este mundo em que vivemos, que está em permanente evolução. Com soluções alavancadas por atitudes que tomamos no presente, que usam o passado apenas como referência para que erros antigos não se repitam.

Dois pescadores fretaram um avião para levá-los a um rio no meio de uma floresta. Algum tempo depois, o piloto voltou para buscá-los. Olhando o resultado da pesca, observou: "Este avião não agüenta mais que dois pirarucus. Vocês vão ter que deixar os outros dois aqui".

"Mas o piloto do ano passado aceitou levar os quatro!", reclamaram.

O piloto, sem graça, concordou então em levar os quatro peixes gigantescos.

Logo depois de decolar, entretanto, o avião não pôde ganhar altura e se espatifou no solo.

Os pescadores, muito machucados, conseguiram descer e olharam ao redor. Um perguntou para o outro:

"Onde será que nós estamos?"

"No mesmo lugar onde caímos no ano passado."

Admiro muito a fé e a determinação de um lavrador nordestino que, sem saber se vai chover, planta para poder colher o sustento de sua família. Contudo, admiro, especialmente, os plantadores de uva de Petrolina (Pernambuco) e de Juazeiro (Bahia), que criaram um sistema de irrigação artificial que traz as águas do rio São Francisco para suas fazendas.

Para eles, chover pode até representar um problema porque altera a quantidade de água de que a planta vai precisar. Eles preferem que não chova para assim determinar o volume exato de água que as uvas receberão. O futuro deles já não é definido pela presença ou ausência da chuva. Suas preocupações são outras: o mercado, como manter a qualidade das uvas, se a Europa vai ou não comprar sua produção. Resultado: colhem as melhores uvas que já saboreei na minha vida. Eles criaram competências e estruturas que fazem com que o futuro não seja apenas conseqüência da garra, e sim resultado de planejamento cuidadoso.

Atualmente, o futuro não pode ser enfrentado somente com espírito de luta, com arco e flecha. Precisamos sempre da garra, mas acompanhada de conhecimentos, de tecnologia e de equipes poderosas.

Lembre-se: o futuro é resultado, o futuro é a colheita do que você plantou e está plantando. E esse futuro dinâmico não respeita sobrenome. Sucesso no passado não é garantia de vitórias no futuro. Então, o que vai acontecer daqui a dez anos será conseqüência de algo que você está fazendo hoje. Se você está criando uma vida solitária, é inevitável que, no fim, esteja sozinho. Se está criando hoje muito desperdício, é provável que no futuro esteja pobre.

Se, por outro lado, você está fazendo amigos, certamente terá com quem compartilhar a vida, gente que goste de você, que lute a seu lado.

O futuro vai sendo construído a cada decisão que você toma na vida. Todos os dias estamos dizendo sim ou não às oportunidades da vida, às situações que se apresentam. É a qualidade do "sim" e do "não" que você diz hoje que definirá como será sua vida amanhã.

Algumas pessoas estão sendo capazes de construir um amanhã em que sucesso e felicidade estarão integrados como uma força única.

São aqueles que conseguem integrar competitividade com humanismo.

Esses são os donos do futuro.

Hoje é muito comum nas empresas encontrar profissionais do estilo linha dura, que só pensam em lucros, resultados, *downsizing*. Cortar pessoas, demitir, jogar fora. São tão frios que parecem açougueiros impassíveis cortando pedaços de carne e jogando o que não serve no lixo. Não percebem que esses resultados que destroem as pessoas são insustentáveis a longo prazo.

Do outro lado, temos pessoas que valorizam apenas o ser humano, os sentimentos, os afetos. Elas tentam criar o prazer e a alegria de trabalhar, procuram fazer só o que gostam. Correm, porém, um grande risco: o de chegar a um momento na vida em que não terão dinheiro para pagar o aluguel. Por quê? Porque não aprenderam o sentido da competitividade.

Os donos do futuro não pensam como os caiçaras que pescam o suficiente para sobreviver: guardam um quilo para a família, conseguem uns trocados com a venda do restante, e mais um dia foi vivido. Esses pescadores estão, cada vez mais, perdendo espaço para os barcos profissionais, para a criação de peixes e de camarões.

Os donos do futuro também não pensam apenas em lucro, em seus resultados e interesses, pois os que assim agem estão cada vez mais sozinhos, amargando sua infelicidade e colhendo resultados pouco proveitosos.

Os donos do futuro são capazes de integrar o sucesso com a felicidade. A mente do novo milênio é cada vez mais integrativa. O cérebro vai integrar a criatividade com a sistematização, a intuição com a análise de dados.

Precisamos acabar com a mentalidade de açougueiros, de cortadores, de separadores. Temos de começar a integrar. O interesse do empresário não é diferente do interesse do colaborador, e eles precisam ser integrados.

Dinheiro e espiritualidade não são inimigos. Os dois devem ser complementares, pois viver apenas para o dinheiro escraviza as pessoas, e só espiritualidade se transforma em fome e miséria.

Sexo sem amor é simplesmente uma descarga. É como um espirro: cria um alívio, uma sensação de bem-estar momentâneo, mas não constrói nada. Uma relação amorosa em que há somente afeto, que esquece a entrega sexual, com certeza também fica incompleta.

Os donos do futuro são capazes de conciliar o trabalho e a família. Os donos do passado criavam o sucesso a qualquer preço. Destruíam sua vida, a do cônjuge, a dos filhos. Os donos do futuro vão conseguir combinar a vida pessoal e a felicidade individual com a do grupo, reservando um tempo para si mesmos, para o próprio crescimento.

Os donos do passado tomavam decisões com base na incompetência. Assim, aqueles que tinham incapacidade de amar optavam pela solidão. Ela não lhes dava o amor que queriam, mas resolvia a insatisfação momentânea. Os que se sentiam incapazes de cuidar da própria vida e de encarar um novo relacionamento permaneciam num casamento sem amor. Outros ficavam anos numa empresa sem prazer, sem motivação, porque tinham medo de não conseguir novo emprego.

Hoje, a decisão deve ser por amor. O dono do futuro vai atrás do amor. Trabalha para aprender a amar, para encontrar uma pessoa com quem valha a pena crescer. Não tem preguiça de aprender a amar, a mergulhar. Sua opção é pela vocação, pelo respeito a si mesmo. Quer trabalhar numa empresa onde sinta prazer e possa construir algo de que se orgulhe.

Os jovens que vêm chegando não estão mais dispostos a alcançar o sucesso a qualquer preço. Querem o sucesso na sua vocação, no seu chamado, na sua missão. Mas também querem paz. Momentos de quietude que os levem à paz, à qualidade de vida.

Não adianta viver trocando de relacionamento amoroso, de emprego e de profissão se não se desenvolve a competência, a capacidade de ir atrás, de construir o futuro, de realizar as coisas em que se acredita.

Nos supermercados, tudo está ficando descartável. E muitas pessoas querem tratar os outros como se fossem coisas sem importância. Gente não pode ser descartável. Não é possível viver no estilo "usou, joga fora". Gente é diferente. Até o lixo hoje é reciclável. Como existe gente que imagina usar os funcionários enquanto servem para depois descartá-los?

Precisamos desenvolver uma nova maneira de viver. Temos de entender que, para transformar esses sonhos em realidade, o primeiro passo é saber que sozinho não se consegue nada.

*É preciso trabalhar juntos, crescer juntos, aprender a fazer parte de um time, seja no trabalho, seja em casa.*

Há algum tempo, eu trabalhava com um time que ia disputar uma vaga na Olimpíada e conversava com um atleta muito talentoso, mas avesso ao trabalho em grupo. Em determinado momento, sentindo que esgotara todos os recursos técnicos na conversa, perguntei a ele:

"Qual é o maior sonho da sua vida?"

"Roberto, toda a minha vida me preparei para ir a uma Olimpíada, e esta é minha última chance. Meu maior sonho é ir a Sydney."

"Pois bem, até no céu você pode entrar sozinho, mas, se quiser ir a Sydney, você só chegará lá se for com o seu time!", argumentei.

É claro que não acredito que alguém entre no céu sozinho, mas tenho absoluta certeza de que ninguém vai a Sydney sozinho. Nem os atletas de esportes individuais...

O mesmo é válido para todos nós: se quisermos chegar a Sydney, teremos de ir com o nosso time. Independentemente do que Sidney signifique para cada um de nós!

Em minhas palestras, é comum que grandes empresários me perguntem se algum dia as pessoas de sucesso poderão trabalhar menos. Sempre respondo: "Sim, quando aprenderem a trabalhar em equipe".

Sem equipes competentes, tirar férias é um sonho impossível. Sem equipes integradas, fica muito complicado fazer avançar os projetos. Ou até se consegue realizar os planos, mas pagando-se o preço de estourar as coronárias aos 40 anos.

Lembre-se: de todas as equipes das quais você faz parte, a mais importante é a família. Ela é a empresa mais importante da vida. A empresa onde a moeda não é o dinheiro, e sim o amor. A família é um porta-aviões de onde as pessoas saem para vôos mais ousados. Quando a base é fraca, o vôo é inseguro.

Qualquer engenheiro pode calcular a altura futura de um prédio com base no tipo de fundação que ele tem. A base do tamanho e da sustentação de uma carreira são os valores do indivíduo e sua família. Observe o que acontece com a carreira de um executivo quando ele está passando por uma separação litigiosa.

Apesar disso, muita gente ainda acredita que pode alcançar o sucesso e a felicidade esquecendo-se da família. Há também aqueles que falam da importância da família, mas sua realidade é bem diferente: eles nunca estão presentes nos jogos dos filhos, não conversam com a orientadora educacional da escola das crianças. Nunca têm tempo para jantar fora com o cônjuge ou, pior, estão sempre cansados quando chegam em casa.

Imagine que a sua casa é uma empresa. Que nota você daria a um funcionário como você?

Será que você não seria demitido da sua empresa se sempre chegasse atrasado?

Se prometesse e não cumprisse?

Se quisesse sempre ter razão nas discussões?

Competência, planejamento, determinação, espírito de equipe e amor são qualidades essenciais para ser dono do futuro.

Mas também é preciso ter fé, acreditar. Ao olhar para os lados, certamente você vai encontrar crises, corrupção, pessoas competentes desempregadas, empresas honestas quebradas, casamentos desfeitos. E algumas vezes você se pergunta: será que o justo teve chance neste mundo maluco?

Sim, e sempre terá. Acredite nisso. Lute por seus sonhos, você não estará sozinho.

Certa vez, um rabino me contou que, quando Deus foi destruir Sodoma e Gomorra, existia uma terceira cidade que temia ter o mesmo fim. Um homem que morava ali procurou Deus e perguntou:

"Se eu apresentasse uma lista de mil pessoas comprometidas com Sua força, com Sua luz, com Sua verdade, com Seu amor, o Senhor nos daria uma oportunidade e não destruiria nossa cidade?"

Deus estava muito bravo, mas pensou e respondeu:

"Está bem! Vou preservar sua cidade se você mostrar quem são essas mil pessoas".

"Senhor, não tenho essas mil pessoas, mas se eu apresentasse uma lista de cem pessoas totalmente comprometidas com Sua luz, com Sua força, com Sua fé e com Sua verdade, o Senhor preservaria nossa cidade?"

Deus, já impaciente, perguntou:

"Está bem. Onde estão essas cem pessoas?"

"Não tenho cem pessoas, mas se eu apresentasse uma lista de dez pessoas comprometidas com Seu amor, Sua luz e Sua verdade em nossa cidade, o Senhor nos pouparia?"

E Deus, mais uma vez, perguntou:

"Então, onde estão essas dez pessoas?"

"Senhor, não existem dez pessoas. Apenas eu, que estou totalmente comprometido com Sua luz, com Sua fé e com Sua verdade. Eu lhe prometo que, se me der essa chance, vou lutar todos os dias da minha vida para que esta cidade seja sempre um exemplo do Seu amor. O Senhor me daria essa oportunidade?"

Deus respondeu:

"Está bem, eu lhe darei essa oportunidade".

E graças à fé desse homem a cidade foi preservada.

O que quero dizer com isso é que tenho certeza de que você não está sozinho em sua fé. Precisamos acreditar, ter um sonho e trabalhar por ele.

Adoro viver neste momento porque o mundo exige que cada pessoa seja digna da espécie humana. Não podemos mais viver olhando para trás, acomodados no passado. Os donos do futuro vivem em permanente evolução, como um verdadeiro ser humano deveria viver.

Este é um mundo em constante mudança, que exige evolução. Exige que vivamos como seres completos, que sabem unir sucesso e felicidade no trabalho, em casa, com o cônjuge, os filhos e os amigos.

É desse tema que vou tratar neste livro porque acredito que a única forma de cada um de nós realizar seus sonhos é trabalhar para que eles se concretizem.

Saiba que estarei sempre torcendo para que você tenha sucesso e seja muito feliz.

Com afeto

*Roberto Shinyashiki*

# Os donos do futuro sabem cooperar

TENHO UMA CERTEZA NA VIDA: NADA DARÁ CERTO PARA valer no casamento, na empresa, na relação com os filhos e com os amigos se não houver muita cooperação. Quem não aprender a cooperar não conseguirá se realizar como pessoa e profissional.

Os donos do futuro são criadores de cooperação. São pessoas capazes de viver e trabalhar em equipe tanto no emprego como em casa. Abriram mão do individualismo para viver nova experiência, muito mais rica: ajudar o outro, aceitar ajuda e crescer em conjunto.

Aprenderam a substituir *eu* por *nós*.

*Os donos do futuro são aqueles que conhecem o poder da cooperação: trabalham sempre em equipe, armam seus times antes de realizar um projeto e lutam até alcançar seus sonhos.*

Enquanto isso, os dinossauros continuam lentos e não percebem que o mundo mudou. Não se dão conta de que a competição em todas as áreas exige equipes capazes de superar desafios cada vez maiores. Querem resolver tudo sozinhos e pagam um preço muito alto por não utilizar todo o potencial que um time afinado pode desenvolver.

Existem dinossauros lentos e agitados.

Os lentos ficaram obsoletos porque não conseguiram acompanhar a velocidade das mudanças do mundo moderno. São os reis do passado, adoram frases que começam com "no meu tempo...", "antigamente...".

Os agitados até podem atingir suas metas profissionais, mas, como são individualistas, não conseguem criar equipes e ficam surpresos quando descobrem a própria decadência. Souberam evoluir tecnicamente, mas não perceberam que sem equipes que lhes dêem suporte serão superados rapidamente.

Os dinossauros agitados têm consciência de que sua vida depende de resultados, mas acreditam que tudo será conquistado solitariamente. Eles se matam, trabalhando dezoito horas por dia, porque não aprenderam a funcionar em equipe. Não confiam em ninguém, precisam conferir tudo, não compartilham informações. Podem até ter sucesso profissional, mas destroem o casamento, a família e a saúde até começar a destruir os resultados.

O sucesso de um médico depende de sua competência científica, mas também da capacidade de trabalhar em equipe. É claro que ele sempre terá de pesquisar, estudar, procurar novos tratamentos para ajudar na cura do paciente, mas se não tiver uma equipe competente precisará ficar o tempo todo cuidando do paciente (e acabar com a vida pessoal) ou deixá-lo com uma equipe fraca e comprometer o resultado.

O sucesso de um advogado depende de seu conhecimento técnico, mas também de uma equipe que lhe dê suporte. Quantos advogados ficam desesperados ao perceber que perderam o prazo de um processo porque se entregaram tanto a uma causa que se esqueceram de acompanhar outros trabalhos.

O dono do futuro sabe que, para que sua carreira ou a empresa decole, precisa de equipes integradas e competentes. Sabe principalmente que a felicidade é resultado do ato de aprender a trabalhar em equipe.

O ser humano não é uma máquina para trabalhar a vida inteira dezesseis horas por dia sem parar. Aliás, até as máquinas necessitam de manutenção. Muitas pessoas deixam de reservar um tempo para si mesmas. Não curtem a vida. Não têm tempo nem para dormir direito. Não percebem que o tempo de sono é importante para trabalhar com mais prazer, que o lazer é fundamental para desenvolver a criatividade e, principalmente, que ficar com pessoas queridas é básico para manter a alegria de viver.

O sucesso de um profissional somente se torna admirável quando é acompanhado do prazer de estar vivo. Quando ele se envolve com a educação dos filhos. Quando ser pai ou mãe não é um peso porque a família é um verdadeiro time no qual todos têm consciência da própria responsabilidade e curtem o prazer de estar juntos. Quando o casamento é fonte de alegria e prazer.

*Seu casamento é um time ou simplesmente duas pessoas que moram debaixo do mesmo teto?*

*Sua família é um time de pessoas conscientes da própria importância ou um agrupamento em que cada um vive sua vida sem se importar com o outro?*

## Uma história exemplar

Infelizmente, ainda existem profissionais que pensam ter de aturar os companheiros porque trabalham na mesma empresa. Esses mesmos profissionais, quando estão em casa, são pais que têm dificuldade em estar com os filhos de forma integrada e participativa. Ainda não se deram conta de que participar da vida familiar e da equipe de trabalho é uma forma muito poderosa de crescimento pessoal.

Quando eu estava em meu treinamento de psiquiatria, um dos casos mais lindos de recuperação a que assisti foi a terapia de um jovem que apresentava um quadro de esquizofrenia. O pai achava que a solução do problema do filho era a internação e encarava os convites para participar de uma terapia familiar como obstáculo ao seu trabalho. Afinal, ele era um homem ocupado, não podia perder tempo com aquilo...

Aos poucos, porém, começou a se envolver na vida do filho. O garoto tinha apenas uma conexão com o mundo real: o futebol. Pai e filho passaram a assistir jogos todos os domingos. O diálogo entre eles começou a voltar. Depois, o garoto conseguiu se comunicar também com a mãe e com a irmã. Foi evoluindo, acabou retomando os estudos. O pai voltou a ter prazer em estar com o filho. Depois de meses de terapia familiar, pai e mãe já não brigavam por causa do filho, e a família toda saía para almoçar antes do futebol.

Um dia, o garoto teve um princípio de crise agressiva, como nos velhos tempos da enfermidade: pegou um ventilador para arremessá-lo contra a parede. O pai, que sempre fora omisso, gritou: "Você não tem direito de fazer isso. Você não é louco". O rapaz parou, pensou, colocou o ventilador em cima do armário e saiu para caminhar, com o olhar transtornado. Estavam todos preocupados com essa regressão. Horas depois, ele voltou e pediu desculpas pelo que havia feito.

O rapaz evoluiu muito, e a família também amadureceu, até que a terapia chegou ao fim e todos saíram abraçados, conversando sobre a vitória que haviam conseguido. Nesse dia, o rapaz concluiu: "Sabe o que me deixa mais feliz? É que, agora, nós somos um time. Um time imbatível".

São os times que criam as vitórias importantes em nossa vida. Sucesso e felicidade são o prêmio de quem consegue criar times imbatíveis.

## Os times chegam mais longe

O individualista é uma espécie em extinção. Durante muitos séculos, as pessoas de sucesso foram aquelas que procuraram soluções individuais... Cada um por si e Deus por todos era o seu lema, fórmula incapaz de criar vitórias hoje em dia. Estamos descobrindo a duras penas que essa filosofia não dá mais certo.

Roberto, por que você diz que o individualismo está fora de moda?

### Primeiro: os campeões não querem trabalhar em uma empresa ou para alguém que os suga e depois os descarta

O modelo do capitalismo selvagem é muito ingrato com as pessoas, e os profissionais competentes fogem dele. Chefes que só pensam em maximizar lucros lembram aqueles sitiantes do interior que abandonavam burros e cavalos na beira da estrada depois que eles ficavam velhos e não tinham mais força para puxar a carroça ou o arado.

Esse modelo, no qual todos se matam para apenas um usufruir, não tem graça e não motiva as pessoas competentes. Os campeões não querem trabalhar numa empresa em que só os chefes sentem prazer e se realizam.

Na corte francesa, havia um ritual em que alguns cortesãos eram escolhidos para ver o rei comer. Olhavam sua majestade a saborear os manjares e consideravam uma grande honra ser espectadores.

Hoje, ninguém quer mais ser espectador dos manjares de sua majestade. Todo mundo quer também saborear o seu pedaço.

Pessoas competentes desejam trabalhar em organizações que lhes dêem retorno pela dedicação.

Nos relacionamentos afetivos acontece o mesmo fenômeno: o casal tem de estar no mesmo barco. Um casamento é saudável quando os dois são verdadeiramente companheiros. Não tem graça a esposa trabalhar como um trator e o marido desocupado comprar roupas bonitas e ficar passeando. Nem o antigo esquema em que o marido trabalhava doze horas por dia e a esposa passava a tarde no cabeleireiro ou fazendo compras.

Esse modelo não se sustenta mais. No final do filme, geralmente a pessoa que se sente explorada acaba se cansando e partindo para outro relacionamento.

## Segundo: a empresa precisa da união de todos para realizar suas metas

"Atrás de um homem competente,
há sempre outros homens competentes."

*Provérbio chinês*

Os jogos de poder consomem a energia que deveria ser

utilizada para atingir as metas do grupo. As empresas têm de enfrentar uma concorrência tão grande no mercado que não é mais possível perder tempo com a competição interna.

Fofocas, jogos de bastidores, politicagem na empresa, culto ao ego do chefe, sonegação de informações, sabotagem de projetos alheios destroem a força do grupo.

Muitos profissionais gastam tanto tempo em manter ou conquistar mais poder que não lhes sobra energia para realizar o planejamento estratégico da organização. Essa drenagem de energia afeta a equipe e enferruja sua competitividade. Gerentes preocupados com o tamanho da própria sala são tão infantis quanto o garoto que se compara com outro para ver quem tem o brinquedo melhor. Líderes conscientes são aqueles que cuidam da equipe para que todos atinjam os objetivos, sem se importar em colher a fama pelo sucesso.

Quando cada um rema para um lado, o barco fica no mesmo lugar.

Equipes consolidadas e conscientes da importância do esforço coletivo têm uma vantagem adicional: reduzem os perversos jogos de poder dentro das empresas. Não dão espaço para que o individualismo — alavancado por vaidades e inseguranças — tome conta do ambiente. O individualista não consegue inspirar o grupo para uma missão conjunta. Ninguém acredita em suas palavras porque sabe que ele se interessa apenas pela própria carreira.

Quando a equipe é forte, o individualista é expelido como se fosse um corpo estranho, pois se torna um elemento desagregador. O próprio grupo convida a pessoa para uma conversa e a orienta sobre a importância de trabalhar em sintonia com todos.

A melhor forma de pensar no sucesso pessoal é se integrar aos esforços do grupo, pois uma equipe competente produz vitórias e alavanca a carreira de todos os membros.

*A lealdade à empresa está voltando a ser valorizada hoje em dia.*

Até há pouco tempo, as empresas não contratavam profissionais que haviam trabalhado dez ou quinze anos no mesmo lugar. A moda era valorizar a pessoa que trocava de emprego todo ano, vivia procurando novos desafios e os maximizava. Esses executivos tinham milhões de virtudes, acumulavam conhecimentos tecnológicos e muita informação, mas faltava-lhes um toque especial: o compromisso com a equipe e a lealdade à empresa.

A figura do gerente de vendas itinerante é um bom exemplo. Ele impunha novos sistemas, mudava os procedimentos, contratava pessoas, iniciava uma nova era e... saía para outra empresa em busca de mais desafios e salário maior. Ia embora e deixava sua área na maior confusão. Até que seu substituto tomasse pé da situação, era uma barafunda geral.

A moda de valorizar profissionais que estão sempre mudando de emprego se mostrou pouco produtiva. É como o casamento. É lógico que, se a escolha não tiver sido bem-feita ou os caminhos dos dois se diferenciarem demais, o casal deve se separar e procurar ser feliz, mas, se cada um encontrou a pessoa de sua vida, não existe relação mais plena. Os dois vão crescer juntos, investir em projetos comuns e sentir-se realizados de mãos dadas.

Na carreira, é a mesma coisa: o melhor de tudo é encontrar uma empresa onde se é valorizado, estimulado a crescer e, em contrapartida, se tem o prazer de dar o máximo para vê-la progredir.

## Terceiro: o mundo atual exige a capacidade de criar parcerias

Todos os dias, empresas se unem em busca de parceria. Companhias grandes compram outras menores ou deficitárias e as incorporam ao seu patrimônio. E cada vez mais vemos o fenômeno inverso, de empresas menores que compram grandes companhias deficitárias.

O mundo nunca assistiu a tantas e tão grandes fusões e aquisições: na área de comunicação, as incorporações são freqüentes, gigantes da indústria farmacêutica se juntam, surgem os megabancos.

Vemos empresas concorrentes envolver-se em projetos comuns de formas inconcebíveis antigamente. A Renault e a Volvo, tradicionais concorrentes, associaram-se para fabricar motores, a Sony e a Philips uniram-se para desenvolver pesquisas de interesse comum. As grandes empresas perceberam que é muito mais interessante investir juntas no desenvolvimento de tecnologias e utilizar essas descobertas para criar os próprios produtos.

Será que essas fusões vão dar certo? O futurólogo americano Alvin Toffler não tem dúvidas ao afirmar: "Dentro de poucos anos, vamos assistir ao desmanche de muitas dessas fusões". Sem profissionais com capacidade de criar e trabalhar em equipe, esse movimento resultará em grandes prejuízos.

No papel, até que essas uniões têm tudo para funcionar. Os administradores financeiros exultam com a possibilidade de redução de custos e elevação de lucro, os diretores de marketing deliram com o aumento da fatia de mercado. Mas a dura realidade é enfrentada pelos gerentes de recursos humanos. Por quê? Porque, para eles, fica a batalha de integrar as duas equipes.

Jogos de poder, negação de informações, ciúme, ressentimento e medo das mudanças destroem projetos que eram maravilhosos nas planilhas dos computadores, mas nunca vão ocorrer na prática porque não conseguem envolver as pessoas. Quando essas pessoas se unem para um projeto comum mas as equipes não se integram, cada uma tenta sabotar o trabalho da outra. Os gerentes procuram sempre mostrar que a equipe da outra empresa não é do ramo, não conhece o negócio, que eles sabem mais do que os outros, e a união de verdade não se verifica.

São investimentos monumentais que podem dar em nada ou, pior, gerar grandes prejuízos se não houver cooperação entre as equipes, se predominar a idéia de que cada um tem seu interesse e enxerga o outro como inimigo. Todos nós acompanhamos a tentativa de fusão de duas gigantes do setor de equipamentos agrícolas, uma americana e outra européia. Foram meses de tratativas, negociações difíceis e desconfiança. Cada lado achava que o outro iria fazer bobagens. Até as festas de congraçamento para aproximar o pessoal terminavam com grupos divididos. Muita energia e dinheiro foram gastos inutilmente.

Tudo na vida de uma organização de sucesso depende de cooperação entre as pessoas: parcerias com clientes e fornecedores, trabalho conjunto entre distintos departamentos, colaboração entre as filiais dos diversos continentes, troca de informações e idéias de diretores de diferentes divisões, motivação da equipe para buscar resultados.

No time do amor é igual: quem não souber criar parcerias vai viver em permanente solidão. Pode até arrumar novos namorados, mas eles não vão permanecer no relacionamento se não se perceberem numa relação em que os dois constroem juntos.

No casamento: cuidar da casa é tarefa a ser dividida pelos dois. Tanto o homem quanto a mulher devem saber que o desafio de educar os filhos precisa ser compartilhado. Morar sob o mesmo teto não é garantia de formar uma família feliz.

## Quarto: sozinhos não vamos conseguir vencer a atual competição

São muitos detalhes, muitos compromissos, muitos projetos simultâneos. Parece que sempre há algo a ser feito. As tarefas têm de ser realizadas ao mesmo tempo. Deixar para fazer o 2 depois do 1 e o 3 após o 2 pode ser fatal. O 1, o 2, o 3 e o 4 têm de ser feitos simultaneamente, em velocidade compatível com a rapidez de nossos desafios.

Há quem faça tudo dessa forma, mas só saiba trabalhar sozinho. O preço é muito alto: exaustão total, até chegar ao ponto em que o trabalho começa a perder qualidade. São muitas informações novas chegando ao mesmo tempo. Muitas transformações, muita evolução para uma única pessoa processar. A tendência dos individualistas é valorizar apenas o que conseguem processar. O que não podem avaliar, desprezam.

Uma análise equivocada pode ser catastrófica para a empresa. Nem mesmo Bill Gates, o maior símbolo de competência empresarial, deu importância à Internet e pôs em risco o futuro da Microsoft, que só conseguiu reverter o prejuízo porque rapidamente criou o Explorer. Contudo, já fora dada a oportunidade para o surgimento do Netscape. Imagine então o que pode acontecer com um empresário que não tem uma equipe dessa qualidade.

É preciso estar com os olhos abertos para os outros e, conseqüentemente, para o mundo. Não é possível mais viver no isolamento. Todo mundo conhece a história de Maria Antonieta. Quando lhe contaram que os parisienses passavam fome porque não tinham pão, ela teria dito: "Se não têm pão, que comam brioches". Isolada no luxo do Palácio de Versalhes, supunha que a vida lá fora fosse igual à sua. Acabou decapitada.

A História e a vida mostram a todo momento que o modelo individualista está falido. Quem, como uma Maria Antonieta moderna, ainda não aprendeu a perceber as outras pessoas está correndo o risco de ser decapitado na carreira, na vida e no amor.

Normalmente, um adolescente drogado não se faz em semanas. Esse processo leva alguns anos, mas os pais, fechados num mundo particular, não conseguiram perceber a solidão do filho. Cada um está tão envolvido em seu projeto que não se dá conta do que está acontecendo na vida do filho.

No casamento ocorre a mesma coisa: uma separação não toma forma de um dia para outro. É resultado de tempos de distanciamento e falta de comunicação, até que um dos dois sai de casa. Não importa quem partiu. Quem foi abandonado quase sempre se sente traído, mas a separação é fruto do distanciamento que ambos criaram dia após dia.

É fundamental respeitar os seus valores, a sua vocação. Isso se chama individualidade. Não deixe de ser você para agradar aos outros. Mas pensar somente em você não tem mais sentido num mundo que precisa da cooperação de todos.

*Individualidade sim, individualismo não!*

## Os times invisíveis

Vitórias e derrotas são construídas de acordo com nossa capacidade de fazer funcionar os times que existem em nossa vida.

Abra sua agenda e analise seus compromissos. Comece pensando na relação com a sua secretária: você já se deu conta de que os dois formam um time? Que tipo de time vocês são? Um time unido ou duas pessoas que fazem o que é preciso sem se comunicar, cada uma esperando que a outra esteja fazendo o que deve?

Pense agora na relação com seus filhos. Você está no trabalho e recebe um telefonema de sua filha, que pede orientação sobre a lição de casa ou, pior, você sabe que ela não está estudando para um exame decisivo no dia seguinte. Ensinar responsabilidades por telefone é complicado. Não teria sido melhor que o diálogo tivesse ocorrido antes? Mas você reservou algum tempo em casa para que isso acontecesse? Você e seus filhos vivem como um time? Ou simplesmente moram na mesma casa?

E o dentista que não entende que você não pode ficar com a restauração quebrada até a próxima semana? Ele também não aprendeu que vocês jogam no mesmo time. Ainda não sabe que precisa deixar você satisfeito para ajudá-lo a conseguir mais clientes. Sem clientes felizes, ele irá à falência.

Você chega à reunião com seu pessoal e todos o olham com cara de quem diz: "Favor falar logo que eu tenho mais o que fazer". Provavelmente seu pessoal não está entendendo que vocês precisam formar uma equipe afinada para realizar as metas programadas.

Sua ex-mulher lhe telefona pedindo dinheiro extra para

o conserto do carro. Você fica irritado e pensa: "Será que ela não percebeu ainda que estamos separados há dez anos e eu não tenho nada a ver se o carro dela quebrou?" Mas o problema é que você tem a ver com isso. Porque ela usa o carro para levar os filhos que vocês tiveram, ou seja, seus filhos, à escola, à aula de inglês, à natação. E você e seus filhos são uma equipe para o resto da vida, mesmo que você esteja separado da mãe deles há dez anos. Ex-mulheres existem, mas ex-filhos não. Criar um time imbatível com o ex-cônjuge é fundamental para realizar um dos sonhos mais caros: ajudar os filhos a se tornar adultos felizes.

Nossa vida é constituída de equipes de todos os tipos, com pessoas que freqüentemente não fazem o que achamos que deveriam fazer. Muitas vezes, somos nós que não entendemos o que é preciso fazer. Outras, nem percebemos que devíamos formar uma equipe com aquelas pessoas. Os times invisíveis da nossa vida são a base de nossas conquistas, mas a maioria das pessoas pensa que é pura perda de tempo cuidar deles.

Será que você está trabalhando para fazer de sua família um time imbatível? Há quanto tempo não tem uma reunião com seu time de casa para que todos falem de suas necessidades e sonhos? Reunir toda a família e trocar idéias foram hábitos comuns antes da era da televisão. Hoje estão abandonados. E não me venha com essa história de não ter tempo. É só desligar a televisão durante seu programa favorito e chamar todo mundo para conversar (não para escutar seus sermões!). No começo, vai haver um monte de reclamações e cobranças. Talvez alguns achem pura perda de tempo. Mas depois todos vão entender as regras de funcionamento desse grupo, e a vida ficará mais fácil.

Outra equipe fundamental é o casal. Alguns casais vivem como se fossem adversários numa partida de tênis: jogam a bola longe para ficar bem difícil o outro pegar, complicam o jogo, vêem o cônjuge como um obstáculo a ser superado. Outros vivem como uma dupla de frescobol: jogam a bola pertinho, facilitam o jogo, vêem o parceiro como cúmplice. E você, facilita a vida de seu companheiro, como no frescobol, ou o vê como adversário numa partida de tênis?

Na empresa, os outros gerentes e você fazem parte do mesmo time? Será que vocês têm uma atitude colaboradora entre si ou competem como se cada um fosse o capitão do time adversário? Vivem sonegando informações, sabotando o projeto iniciado por outro departamento, criando boatos, vingando-se dos deslizes dos colegas em vez de passar as situações a limpo?

Talvez neste momento você esteja pensando: "Roberto, seria ótimo se o gerente de marketing lesse este livro!" Adoraria que você o desse de presente a ele, mas será que ele vai receber esse presente de um amigo ou de um concorrente?

Melhor do que dar este livro de presente é parar e analisar o que você está fazendo para criar um time com as pessoas de sua vida. O que poderia fazer para estimular uma cultura de cooperação em sua vida afetiva, familiar e profissional?

Pense comigo.

Há quanto tempo você não faz um elogio a um colega numa reunião de gerência ou a seu filho num jantar em família?

Há quanto tempo você não faz uma visita a outro departamento para simplesmente conversar e oferecer ajuda?

Há quanto tempo você não se oferece para cuidar de seu filho quando ele está doente e sua mulher tem uma reunião importante? Afinal, cuidar dos filhos é tarefa para um time.

Estabeleça uma união com as pessoas importantes para você. Isso irá simplificar muito sua vida, pois elas vão perceber que você está ao lado delas.

É muito complicado e desgastante quando cada vitória é fruto de uma batalha, não é verdade?

## Como criar um time com seu cliente

Um dos times mais importantes na construção do sucesso de um negócio é o Cliente Futebol Clube.

Quando participo de convenções do setor de turismo, gosto de exibir uma garrafa de água mineral. Escolho aleatoriamente uma marca e pergunto: "Esta água mineral é igual em todos os restaurantes?"

Uns dizem que sim, outros que não. A maioria dos presentes obviamente acha que sim. E eles estão certos se se estiver pensando simplesmente no produto. Mas eu acho que a água mineral nunca é a mesma, independentemente da fonte de origem. Sabe por quê? Porque, se o garçom servir a água com frieza e gestos rudes, ela não será boa. Se ele o fizer com educação e alto-astral, não haverá água igual. Nem aqui nem nos Alpes.

Não existe água mineral pura em um restaurante. Ela sempre está acompanhada do astral de quem a serve. Cada garrafa de água será diferente. E sabe quem faz a diferença? Você. Você vai decidir se esses clientes voltam ou não.

Logo depois, gosto de perguntar: "Quantos vendedores um restaurante deve ter?" A resposta é unânime: "Todos!"

"Todos quem?"

"Todos os funcionários."

Eles estão começando a acertar. Todos — garçons, cozinheiros, caixas — precisam saber que estão vendendo algo. Mas a melhor resposta ainda não é essa.

Mais uma vez estimulo:

"Todos quem?"

Até um empreendedor gritar:

"Todos os clientes!"

Parabéns! É isso aí! Os melhores vendedores de um restaurante são seus clientes. Eles são a linha de frente da divulgação da qualidade do restaurante. Hoje em dia é muito caro fazer publicidade. Em geral, a verba só dá para divulgar na hora da inauguração. Mas, quando os clientes se sentem parte do time de um negócio, eles vão lutar para colocá-lo no pódio.

É lógico que não basta seduzir o cliente na hora. É preciso cativá-lo sempre, conseguir que ele seja fiel.

É por isso que o conceito de cliente está sendo substituído pelo de fã. O que é fã? É aquela pessoa que ama algo, luta por ele, defende-o até o fim.

O valor desse fã é incalculável. É ele que vai fazer seu negócio brilhar no céu dos campeões.

E por que alguém se torna fã de uma empresa? Porque ela o ajudou a se sentir feliz. Uma idéia só é boa quando deixa as pessoas felizes.

Os titulares do Cliente Futebol Clube se mantêm preparados para o jogo, estão comprometidos com os resultados e jogam nesse time pelo prazer de fazer parte de uma equipe que espalha a felicidade. Querem escutar do amigo: "Adorei o restaurante que você me indicou". O que isso significa? Que ele tem bom gosto, que é inteligente, que suas opiniões são valiosas.

No Boulevard Saint-Germain, em Paris, à direita de quem

sobe em direção a Nôtre-Dame, há um café chamado Deux Magots. Vive apinhado e custa caro. O escritor Ernest Hemingway fazia ponto ali. Pedia rum St. James, pegava o lápis e sua caderneta de notas, ficava bolando romances e contos.

No Chiado, em Lisboa, há um café chamado A Brasileira. Vive cheio, e os preços são altos. Numa das cadeiras, está sentada uma estátua de bronze, de tamanho natural, do poeta Fernando Pessoa.

No Rio de Janeiro, todo mundo ia ao Veloso, em Ipanema, porque sempre encontrava Vinicius de Morais e sua turma lá.

Hemingway, Pessoa, Vinicius freqüentariam esses lugares se não se sentissem felizes em suas mesas?

*A felicidade dos clientes é sua grande aliada no sucesso dos negócios.*

Pense bem. Todas as empresas vendem mais ou menos os mesmos produtos e os mesmos serviços. Os médicos receitam os mesmos remédios, os restaurantes oferecem a mesma picanha maturada e creme de papaia com licor de cassis na sobremesa. O que faz o cliente decidir entre eles? Respondo num segundo: a capacidade de fazê-lo feliz.

Quando decidimos onde passar as férias, na maioria das vezes meus filhos pedem para ir a um hotel-fazenda no interior de São Paulo. Não é sofisticado nem bonito. Poderíamos ir a outro hotel ou à praia. Ao falar em férias, porém, a turma prefere ir para lá. Meus filhos adoram o hotel. Sentem-se felizes lá. Eu e minha esposa também. Os funcionários nos chamam pelo nome, procuram facilitar nossa diversão, nosso conforto. Nos arredores, há um hotel cincoestrelas com instalações luxuosíssimas. É mais barato, mas está sempre meio vazio. Pior: os olhos dos clientes não brilham quando falam do hotel.

Quando um pediatra é um sucesso, pode ter certeza de que ele faz as pessoas sentir-se felizes. É competente como médico e como ser humano. Atende as crianças de um jeito especial e ajuda os pais a estar seguros de que os pimpolhos ficam em boas mãos. Os olhos desses pais brilham ao falar do médico. E é esse brilho que leva os outros a procurá-lo.

Conheço médicos e dentistas que se preocupam em telefonar para os clientes no dia seguinte à consulta para saber como estão passando, se os remédios deram certo. Esses, com certeza, terão sempre clientes fiéis, porque é muito bom saber que o profissional se preocupa conosco.

Sei, por exemplo, que algumas equipes médicas do Hospital das Clínicas de São Paulo passam telegramas para os clientes quando eles não aparecem nas consultas. Imagine um hospital público fazer isso! O paciente volta, com certeza, porque sente que o médico está preocupado com ele, que é importante.

Talvez você seja um psicólogo e seu consultório esteja vazio. Você, que é uma pessoa muito legal e conhece muito bem a teoria do atendimento psicológico, está sem clientes. O que será que está faltando? Que o cliente sinta cumplicidade entre vocês, perceba que você realmente se importa com ele. Isso fará brilhar os olhos dele ao falar de você com os outros.

Profissionais que não se envolvem acabam atuando como se quisessem apenas o dinheiro da consulta e nada mais. Com qual deles você ficaria? Qual deles faria brilhar seus olhos?

O que cria o sucesso não é o produto ou serviço, e sim o brilho dos olhos dos clientes quando falam da empresa ou do profissional.

*Será que os olhos de seus clientes brilham*
*quando falam de você?*
*Será que os olhos de seus clientes brilham*
*quando saem de sua loja?*

O brilho do olhar é um sinal definitivo de que vocês estão jogando no mesmo time.

## Os times fazem acontecer

A revista *Business Week* publicou recentemente um estudo mostrando que 92% dos planos estratégicos das empresas do mundo inteiro não são implantados. A diretoria contrata uma respeitável consultoria, ela elabora um plano, e esse plano não é implementado. No papel, ele é maravilhoso, mas não sai do papel — que, aliás, quase nunca sai do computador —, pois as equipes não se envolveram com o plano e, portanto, não se comprometeram.

Certamente por essa razão o general Norman Schwarzkopf, chefe das forças aliadas na Guerra do Golfo, disse que um plano estratégico não resiste à primeira rajada de metralhadora. Só resiste quando tem uma tropa bem treinada, preparada e consciente.

Na hora da pressão, somente uma equipe em que todos sabem sua função, em que cada elemento tem capacidade de assumir a responsabilidade por seus atos e está certo de contar com todos pode superar os desafios modernos.

As equipes fazem acontecer. O projeto dá certo não quando é concebido, e sim quando as pessoas se comprometem com ele.

A maioria dos desastres acontece porque as pessoas não têm consciência de sua importância nem motivação para levar adiante os planos estratégicos.

## Os times de alta performance

Fórmula 1 não é um esporte que me fascine, mas quando tenho a oportunidade de assistir a alguns minutos de uma corrida o que mais me encanta é a parada do carro no boxe. As boas escuderias têm os melhores exemplos de equipes de alta performance que conheço. Cada pessoa conhece exatamente sua função, executa seu trabalho com precisão milimétrica e sabe que sua cooperação pode decidir a vitória da equipe. Vocês já observaram que as paradas mais rápidas geralmente são as das equipes que estão disputando o título?

*São as equipes de alta performance que definem o resultado do jogo.*

Vamos ver outro exemplo de detalhe que define a partida: observe os bancos de reservas e a comissão técnica de dois times que estão decidindo a final de um campeonato. A vibração dos profissionais que estão no banco mostra qual time vai ganhar o título. Quando os atletas que estão no banco participam do jogo estimulando e torcendo pelos companheiros, isso é prova contundente da união da equipe.

Um time de alta performance tem valor incalculável. Alia o rendimento máximo do grupo a um ambiente de trabalho em que cada componente da equipe se sente gratificado por produzir. São esses times que geram as maiores vitórias.

Há algum tempo, a rede McDonald's deu um belo exemplo de equipe de alta performance: estabeleceu um prêmio para o cliente que não fosse atendido em determinado tempo. A empresa apostava suas fichas na integração da equipe para realizar as metas. Nessa época, fui com meus filhos ao McDonald's. É claro que eles ficaram torcendo para que houvesse atraso. No final, foram atendidos dentro do prazo porque o time estava realmente muito integrado.

Mas o que é uma equipe de alta performance?

Explicando de maneira bem simples: é um grupo de pessoas integradas e capazes disposto a realizar as metas e estratégias de uma organização.

Vamos analisar as partes desse conceito.

Quando falo em *pessoas integradas,* penso em pessoas que se valorizam, se amam e sabem dar importância umas às outras visando ao sucesso do seu trabalho. Não são simplesmente pessoas isoladas que fazem apenas a sua parte. São indivíduos competentes que sabem utilizar seus pontos fortes para suprir as fragilidades dos outros e usam as virtudes alheias para corrigir seus pontos vulneráveis. Eles nunca desperdiçam as oportunidades de se superar. Pessoas integradas conseguem fazer cada membro do time transcender sua capacidade individual.

O termo *capazes* indica que as pessoas têm conhecimento teórico e técnico de suas ações. Uma equipe integrada sem competência não vai dar certo. Boa vontade apenas não é suficiente. É preciso ter competência. Essa é uma das razões primordiais do sucesso de um trabalho. Um advogado deve ter sentido de equipe, mas se não for competente acabará afundando o grupo, por mais cooperativo que seja. A mesma coisa acontece com um gerente de marketing: precisa ter o sentido de grupo, mas deve ser competente para elaborar um ótimo plano de marketing e principalmente saber implementá-lo.

Finalmente, *disposto a realizar as metas e estratégias de uma organização* significa que todos estão conscientes das metas estabelecidas e têm disposição para concretizá-las. Certa vez o técnico de basquete Ari Vidal — medalha de ouro nos Jogos Pan-americanos de Indianápolis — contava a um grupo de esportistas: "Vencer os Estados Unidos na casa deles somente foi possível com uma tática ousada, que todo o time aceitou e realizou. Na verdade, nos tínhamos de arriscar: era partir para os arremessos de longa distância e torcer para a tática funcionar. E funcionou!"

Essa é a história de um time imbatível, que analisou uma estratégia e se decidiu por ela. A partir daí, toda a equipe aceitou os riscos. Os americanos tinham mais talentos individuais, mas o Brasil teve mais time. Ganhou o melhor, mais uma vez.

O conceito de time de alta performance não vale somente para as organizações, mas também para as mais variadas circunstâncias da vida. Na família, com pessoas integradas e capazes, dispostas a realizar as metas e os projetos do grupo, vai obter resultados sensacionais.

Vamos imaginar uma família que se propõe fazer uma viagem ao exterior. Pai, mãe e filhos decidem o local, concebem a estratégia e trabalham integrados para realizar essa meta. Como têm de economizar, passam algum tempo sem jantar fora; precisam aprender ou aperfeiçoar a língua do país escolhido; organizam o roteiro e preparam os passaportes; procuram uma agência de viagens para acertar o transporte e a hospedagem; e fazem um curso de mergulho caso se dirijam a um país onde necessitarão desses conhecimentos. Ninguém fica sobrecarregado porque todos fazem sua parte. E o resultado é prazeroso para todos.

É assim também num casamento, um grupo de pessoas integradas capazes de realizar metas e projetos comuns. Vamos imaginar que a meta do casal seja ter um filho. Essa meta supõe integração, pois de nada adianta o marido querer um bebê e a mulher não. É claro que o casal precisou de tempo para chegar a essa integração. Então os dois cuidarão juntos da preparação desse acontecimento: escolhem um convênio de saúde; fazem o roteiro do pré-natal; preparam o enxoval e o quarto para receber o bebê; fazem uma reserva financeira; e se informam sobre o parto e a licença-maternidade. Enquanto isso, o pai pode ir providenciando os charutos...

## Características de uma equipe imbatível

Talvez você se pergunte de que maneira uma equipe como essa funciona no dia-a-dia. Acho ótimo que surja essa dúvida: é sinal de que sua curiosidade vai levá-lo a criar uma equipe desse tipo.

Vejamos algumas dessas características.

### 1- Liderança compartilhada

Quanto mais dependente das decisões de um líder, mais vulnerável um grupo se torna.

Nas famílias em que os pais decidem tudo, os filhos se transformam em presas mais fáceis dos traficantes de drogas. Treinaram tanto a vida inteira para dizer sim aos pais que não sabem dizer não às drogas.

Quanto mais uma garota aprender a baixar a cabeça para

os pais, mais se submeterá a um casamento em que será humilhada.

Nas equipes de alta performance todas as pessoas se sentem responsáveis pelo êxito ou fracasso do projeto. Os membros da equipe têm consciência de que precisam fazer acontecer e de que o poder está dividido entre todos. Isso quer dizer que, quanto mais evoluído for o grupo, maior consciência seus participantes terão de sua importância, de sua capacidade e, portanto, de que a equipe reúne condições de atingir o objetivo proposto.

Não é preciso ninguém mandar para as coisas acontecerem. Não é preciso policiar porque as pessoas se esforçam para obter resultados, têm noção da importância de seu trabalho e não precisam ser cobradas para cumprir o que prometeram.

O desempenho de uma equipe de cirurgia retrata bem essa idéia. Durante o planejamento da operação, o cirurgião-chefe apresenta a estratégia do que vai ser feito. Se lhe escapar algum detalhe, um assistente poderá chamar sua atenção. Todos se sentem responsáveis pelo resultado e podem dar 110% de seu esforço. Certamente o paciente é quem mais lucra, mas o ganho é geral, pois todos crescem nesse trabalho.

Um dos espetáculos mais lindos é a ação de uma equipe de cirurgia bem integrada. Às vezes, uma intervenção pode demorar mais de doze horas. Todos sabem o que fazer não apenas quando as coisas vão bem, mas principalmente quando ocorre alguma emergência.

O inverso também é verdadeiro. Quanto mais a liderança fica centralizada nas mãos de uma única pessoa, menos a equipe se compromete com o resultado. O maior obstáculo à implantação de uma equipe de alta performance é o chefe que não abre mão do poder de controlar. No fundo, pensa que as regras valem para os outros, e não para ele. Faz tudo para se sentir diferente dos demais, mas não percebe que sua ação destrói o moral da equipe.

*Regras e metas têm de valer para todos.*

A centralização do poder é incompatível com uma equipe de alta performance. Alguém que centraliza o poder não inspira os profissionais campeões. Muitas vezes, um diretor comenta comigo: "Mas eu sou o diretor, tenho de manter o respeito". Isso é um lixo para a organização. Diretores têm de servir mais do que os outros porque sua maior função é ajudar os demais a crescer.

Há uma história sobre Alexandre, o Grande, de que gosto muito e tem tudo a ver com a consciência de quem é líder e conhece o valor da cooperação.

Alexandre conduzia seu exército de volta para casa depois da grande vitória contra Porus, na Índia. A região que cruzavam naquele momento era árida e deserta, e os soldados sofriam terrivelmente com o calor, a fome e, mais que tudo, a sede. Os lábios rachavam e as gargantas ardiam devido à falta de água. Muitos estavam prestes a se deixar cair no chão e desistir.

Por volta do meio-dia, o exército encontrou um destacamento de viajantes gregos. Vinham montados em mulas e carregavam alguns recipientes com água. Um deles, vendo o rei quase sufocar de sede, encheu um elmo com água e o ofereceu a ele.

Alexandre pegou o elmo nas mãos e olhou em torno de si. Viu os rostos sofridos dos soldados, que ansiavam, tanto quanto ele, por algo refrescante.

"Obrigado, mas pode ficar com a água", disse ele, "pois não tem sentido matar minha sede sozinho, e você não tem o suficiente para todos."

Devolveu a água sem tomar uma gota. Os soldados, aclamando seu rei, puseram-se de pé e pediram que o líder continuasse a conduzi-los adiante.

Quando estou trabalhando para uma empresa em que algumas pessoas centralizam todo o poder e inibem a iniciativa dos outros, geralmente chamo o presidente, apresento a situação e mostro que, se a regra não valer para todos, o trabalho não vai funcionar. Não é gostoso trabalhar de faz-de-conta com adultos. Melhor parar no início.

Se todos se sentem responsáveis pela meta, pela estratégia e pelo sucesso, têm de estar comprometidos com todo o processo. Uma pessoa na posição de chefia que não tenha a sensibilidade de participar do processo inteiro enfraquece o moral da tropa e serve de desculpa para os fracassos.

Volto ao exemplo da família com essas características. Todos precisam participar de cada atividade. Se o pai vai para a cozinha ajudar a fazer o almoço, quando pedir ao filho que ajude a pôr a mesa, o menino saberá que isso não é um castigo, é simplesmente o trabalho de um time de alta performance. Até a criança de 5 ou 6 anos precisa estar envolvida no projeto da família, seja para uma viagem, seja para comprar uma casa nova. Essa sensação de participar de um projeto é que gera na criança a noção de sua importância e de sua capacidade de realizar uma meta.

Experimente pedir a seu filho pequeno para ajudar a levar as compras do supermercado para dentro de casa. Você vai perceber seu orgulho de colaborar com os pais. Esse é o melhor início para a construção de uma sólida auto-estima.

Numa empresa que se propõe a implantar um projeto de qualidade total, todos os participantes precisam considerar cada etapa do processo como algo que depende de seu comprometimento para o sucesso final.

Isso é ótimo, mas tem um preço: conquistar cada pessoa do grupo, convidando-a para a elaboração e a realização do projeto. Assim, todos se sentem responsáveis não só pela própria atuação mas também pela participação do companheiro.

No Japão, algumas empresas têm um costume muito interessante. Quando um trabalhador é homenageado, pede para sua equipe se levantar e a convida a receber o troféu ou a medalha junto com ele. Assim, está demonstrando ter consciência de que, se não fosse sua equipe, não estaria sendo festejado.

Por outro lado, a equipe também assume a responsabilidade por eventuais falhas de algum elemento do grupo. Se o departamento de vendas chama o chefe às falas após um trimestre ruim, todos se levantam, e isso significa: "Sabemos que, se tivéssemos feito nosso trabalho de maneira mais produtiva, nosso companheiro não estaria recebendo essa crítica".

São atitudes como essa que reforçam a integração do grupo. Tenha certeza de uma coisa: quando as pessoas estão integradas e conscientes de que a responsabilidade é de todos, a empresa se desenvolve e supera os próprios limites.

## 2- Alinhamento com o mesmo propósito

O time imbatível caminha alinhado na mesma direção. Todos remam com ritmo igual e para o mesmo ponto.

Uma equipe de alta performance se parece muito com um barco tripulado por quatro remadores. Os quatro precisam ter os mesmos propósitos e estar sintonizados no ritmo e no movimento. Quanto mais sincronizados estiverem, maior será a velocidade alcançada. Nesse esporte não vence a equipe que tem os remadores mais fortes, e sim aquela que consegue a integração perfeita de esforços em direção a um objetivo único.

Hoje as empresas também precisam de equipes sincronizadas. Infelizmente, a maioria vive dividida, e o pior é que a liderança não percebe o que acontece com o grupo.

Freqüentemente sou procurado, antes de alguma palestra, por um diretor de empresa que me diz maravilhas de sua equipe, da união do grupo, dos inúmeros treinamentos que a turma tem feito. Quando começo o trabalho, porém, a realidade se mostra bem diferente. Vejo um grupo desmotivado, com pessoas que não sorriem quando se encontram e não parecem entusiasmadas por trabalhar naquela empresa.

Certa vez, eu conversava com um diretor de recursos humanos que me falava do ótimo clima que havia entre os funcionários. Estávamos no ônibus que transportava os empregados até a empresa. Enquanto escutava aquela apologia a respeito do grupo, percebi que nenhum funcionário sequer o cumprimentava. Ele não conseguia ver a triste realidade de sua empresa. Vivia como uma Maria Antonieta moderna. Leu algum livro, colocou um projeto na mente, mas não envolveu o grupo.

Muitas vezes existem duas equipes na empresa: a dos gerentes e a dos funcionários, e elas não estão jogando juntas. Cada uma joga o próprio jogo.

Uma empresa de baixa performance é vítima da desintegração das pessoas. Possui diretores sensacionais, mas eles não se entendem. Com uma idéia diferente na cabeça, cada um quer levar a empresa para um lado. Eles não formam uma equipe. Por causa disso, o grupo desperdiça energia. Faz muito esforço, mas o resultado é inferior ao esperado. Muitas vezes não é somente a braçada forte que leva o nadador à vitória, e sim a braçada correta.

Nas organizações, quando os resultados não estão sendo os esperados, as gerências cobram dos funcionários mais trabalho. O grande desafio não é trabalhar mais, e sim trabalhar melhor. Atuar com mais consciência, mais alinhamento e sintonia entre os membros da equipe.

Infelizmente, a maioria das organizações não investe tempo nem energia na criação de um projeto comum, e cada um trabalha para realizar o que acha importante. Resultado: desperdício de energia e talento e início dos funestos jogos de poder.

Na equipe integrada, todos participam e têm a humildade de deixar as vaidades de lado para o bem do grupo. Certa vez, assisti a uma cena exemplar numa grande empresa de publicidade de São Paulo. Estava participando de um projeto e percebi que um dos editores procurava um mensageiro para buscar uma fita de VT de certa campanha que deveria ser apresentada no dia seguinte. Todos os *office-boys* estavam ocupados e na época ainda não havia essa maravilha de serviço que é o *motoboy*. Ninguém da equipe podia se ausentar, todos estavam envolvidos naquele corre-corre maluco que caracteriza a preparação de uma apresentação. Então o presidente da empresa, por ser o mais disponível no momento, pegou a chave do carro e foi buscar a preciosa fita.

Na equipe de alta performance a vaidade cede lugar à busca dos resultados, que, no final, vão beneficiar a todos.

Um dos maiores exemplos de equipe desalinhada é a

tarefa de educar os filhos. Há pais e mães que não se entendem, e cada um puxa a cabeça do filho para o seu lado, tentando impor sua verdade sem pensar nas conseqüências de sua ação na personalidade da criança. São pessoas que preferem ter razão a criar felicidade. Agem como religiosos fanáticos que fomentam guerras santas. Em nome de Deus, matam milhares de pessoas. Deus não tem nada a ver com isso. E deve ficar muito bravo por ver Seu nome citado numa causa destrutiva. Os pais podem até pensar de forma diferente, mas o espírito cooperativo deve prevalecer para que os filhos tenham bem claros os valores da família.

Nos casais desalinhados, cada cônjuge destrói todos os dias um pouco do que o outro construiu para reafirmar seu ponto de vista. Não compreendem que numa relação de amor o resultado é mais importante que a verdade pessoal. Não conversam, não abrem o coração e, portanto, não criam sonhos comuns. O casal que vive como um time tem noção das possibilidades de gerar a felicidade de ambos. Talvez tenha de esperar, aprender a negociar e a ceder, mas aos poucos constrói uma relação que vale a pena.

## 3- Orientação para o futuro

"Nada melhor do que um
sonho para criar o futuro."

*Victor Hugo*

Os acontecimentos do passado são muito bons para aprender com os erros e criar referências de nossas capacidades. Quando esquecemos o passado, corremos o risco de repetir os mesmos erros. Nossos ou dos outros. Na Segunda Guerra Mundial, Hitler levou seus exércitos para o desastre no inverno da Rússia, exatamente como Napoleão havia feito no início do século XIX. No Brasil da hiperinflação, o que apareceu de plano econômico baseado em congelamento de preços! Todo mundo queria reinventar a roda. Se for para errar, é melhor cometer um erro novo.

O passado pode ser fonte inesgotável de autoconfiança. Quando olhamos com orgulho para o passado, nos lembramos de nossas vitórias e podemos entrar em contato com uma força interior que nos leva à superação.

Mas viver de arrependimentos do passado ou orgulhar-se permanentemente do que já aconteceu também não funciona, leva à decadência. O passado deve ficar no passado. Um dos hábitos mais produtivos dos atletas de alta performance é esquecer um jogo, tenham ou não sido vitoriosos, no máximo doze horas após o apito final. Não se deve remoer o passado. Isso traz ressentimento. E o ressentimento dói e imobiliza.

*Não devemos estimular a nostalgia nem a valorização do passado: "No meu tempo...", "Antigamente...". O antigamente não existe mais. É só uma lembrança.*

Ganhamos? Ótimo! Perdemos? Vamos aprender com a derrota. Temos de olhar para a frente para nos preparar para a próxima partida.

Uma equipe imbatível pensa desta maneira: o resultado do último ano foi maravilhoso, mas pertence ao passado. O resultado do ano que passou foi um desastre, mas ficou para trás.

Quanto mais uma equipe ficar centrada no passado, mais vai se torturar, gerar ressentimentos e culpas. Durante quantos anos inúteis nosso país ficou chorando a perda da Copa de 1950 para o Uruguai? Em 1958, na Suécia, a geração de Pelé e Garrincha nem queria saber da Copa de 1950, se Barbosa fora ou não culpado pelo gol de Ghiggia. Eles queriam trazer o primeiro título mundial para o Brasil e batalharam para nos dar esse presente.

A equipe de alta performance trabalha no presente com os olhos no futuro. Sempre quer mais. Quando atinge a meta, se impõe nova meta, maior que a anterior, e por isso segue crescendo. Seu alimento predileto é realizar sonhos. Cria-os e realiza-os.

Sonho número 1: ser líder de mercado.

Sonho número 2: aumentar a diferença em relação ao segundo concorrente.

Sonho número 3: manter a liderança.

Sonho número 4: aumentar a margem de lucro.

A referência é sempre a montanha seguinte. Os alpinistas dizem que a montanha que importa é a próxima. A que já foi escalada não tem mais poder de fascínio.

Sucesso é quando o resultado do presente é melhor que o do passado.

Ascensão é quando o resultado do futuro for melhor que o do presente.

Decadência é quando o resultado do passado é melhor que o do presente.

Os pais devem sempre ter em mente a influência de seus atos no futuro dos filhos. Às vezes é mais fácil deixar a filha fazer sempre o que quer. No entanto, para o futuro dessa criança, será produtivo que ela sempre consiga algo porque chora muito? Será que receberá uma promoção porque está chorando pelo cargo? Mais fácil ser demitida. Ser pai é preparar os filhos para enfrentar desafios. As dificuldades vão aparecer, mas somente se tornarão problemas quando encontrarem a pessoa despreparada.

Você duvida de que, um dia, vão oferecer drogas a seu filho? Como é uma pessoa de visão, sei que tem certeza de que isso vai acontecer algum dia. E quem oferece drogas a nossos filhos?

Certo, os colegas. Drogas, em nossa sociedade, já não são mais distribuídas pelos traficantes que vemos nas favelas, e sim pelos colegas de escola ou em festas. Por isso é importante que você se torne amigo do seu filho antes que um traficante o faça.

Educar com os olhos no amanhã significa ter uma dimensão da autonomia dos filhos. Significa ajudar os filhos a desenvolver valores que vão acompanhá-los por toda a vida. Principalmente, significa ajudá-los a encontrar o próprio caminho.

## 4- Foco no resultado

"Se eu não fizer algo, nada irá ficar melhor."

*Nathaniel Branden*

O time de alta performance sabe que a razão de sua existência é conquistar resultados. Todos na equipe são amigos, têm respeito uns pelos outros, gostam de trabalhar juntos, mas sabem que o mais importante são os resultados. Têm claro que são eles que os promovem e garantem seus contratos. Por isso, todos têm em mente o resultado esperado e procuram sempre superá-lo.

Os profissionais que valem a pena são os que estabelecem como padrão de referência os melhores do mundo. Definem seus objetivos e lutam por eles.

Os donos do futuro têm noção de que sua carreira depende dos resultados, e aceitam ser cobrados. O cirurgião plástico sabe que não pode dizer a uma paciente no pré-operatório: "Errar é humano". Se fizer isso, a paciente se levantará imediatamente e irá embora. Ele sabe que seu trabalho será avaliado pelo resultado que conquistar. Quando o resultado é ótimo, sua carreira sobe; se for ruim, entrará em declínio.

Lembro-me de uma palestra que fiz numa fábrica de calçados do Rio Grande do Sul. O pai de um dos funcionários havia falecido e o sepultamento seria naquele dia, às 17 horas. Um grupo que representava os trabalhadores da fábrica pediu autorização à diretoria para encerrar o expediente às 16 horas para ir ao enterro. Como compensação, eles se propunham a repor o resultado nos três dias seguintes. Disseram ao gerente que entregariam até sexta-feira os 3 mil pares de tênis que ficariam faltando na semana. Se não conseguissem, completariam a cota no sábado.

O mais interessante é que eles não se propuseram a repor as duas horas de trabalho perdidas, mas a completar o resultado da semana. Bons times têm claro que o salário é conseqüência de resultados, e não de horas de trabalho. Infelizmente, a maioria das empresas brasileiras não tem foco no resultado, e repor um dia de trabalho geralmente significa repor as horas não trabalhadas. Normalmente, as pessoas ficam mais trinta minutos em alguns dias da semana apenas esperando o tempo passar. A conseqüência disso é a desmotivação da equipe.

Quando o foco da equipe é o resultado, o próprio grupo se encarrega de ajudar os companheiros que estão ficando para trás a melhorar a performance, seja com orientação, seja com apoio nos momentos de maior necessidade.

À medida que a equipe vai cumprindo as metas estabelecidas, a sensação de autoconfiança vai aumentando, o orgulho de jogar no time fica maior e se tem o prazer de buscar a superação.

Quando servi o Exército, na Infantaria, havia um corpo de pára-quedistas no quartel em que eu estava. Eu os admirava muito. O preparo físico deles era supremo. Todos os dias, depois que acabava o expediente, eles se reuniam para treinar mais.

Em todos os quartéis, pelo menos na minha época, quando um sargento encontrava um soldado que não tinha engraxado direito o coturno ou que estava com o boné um pouco fora do lugar, aproximava-se e dizia: "Soldado, pague trinta!"

Isso significava ter de fazer trinta flexões abdominais. Todos nós, simples soldados, obedientemente fazíamos as trinta flexões. Todos, menos os pára-quedistas. Quando um pára-quedista chegava à flexão número 30, continuava e, na 40, gritava: "Porque eu sou pára-quedista!"

Então o sargento ordenava: "Mais vinte, soldado!"

Quando o pára-quedista chegava à flexão número 60, ainda fazia mais dez e, no final, gritava de novo: "Porque eu sou pára-quedista!"

Aí o sargento tranqüilamente mandava: "Mais vinte!"

O pára-quedista fazia as noventa e completava com mais dez. Somente então era dispensado. Havia uma espécie de pacto tácito entre os sargentos e os pára-quedistas. Estes sempre se colocavam em situações em que eram exigidos. Aprimorar-se tornou-se uma forma de mostrar o orgulho de jogar naquele time.

O time de alta performance sempre quer se superar. Para isso, cada membro da equipe enfrenta pressões em troca do resultado. Sabe que tudo aquilo que está fazendo com muito esforço ajudará a fechar o círculo na hora certa. Faz a sua parte e ajuda os companheiros a fazer a deles. Não se contenta em fazer o que lhe foi pedido porque sabe que sua parte só vai terminar quando o projeto estiver concluído.

*Em um time de alta performance,*
*nunca se ouvirá alguém dizer:*
*"Eu fiz a minha parte".*

Ele sabe que isso não é conversa de alguém que compõe uma equipe, pois a derrota do time é a derrota de todos.

Um time imbatível não fica divagando: "Estamos tentando fazer...", "Já fizemos...", "Está quase dando certo...". Pelo contrário, é incisivo, sabe que está dando certo apenas quando produz o resultado desejado.

Um time de alta performance não se interessa pela ação, mas pelo resultado. Portanto, quando uma ação não está dando o resultado esperado, precisa ser repensada, revista, para que realmente leve ao objetivo desejado.

Numa equipe de alta performance, os integrantes aceitam pressões e cobranças. Esse é seu estilo de vida. Certa vez participei do treinamento de uma equipe de vendas que se preparava para uma feira. Havia começado o evento com a meta de 2 milhões de dólares e terminou com a meta de 5 milhões de dólares. Foi a diretoria que propôs o aumento? Não, foi a própria equipe que, à medida que estudava os clientes, resolveu assumir uma perspectiva maior de vendas. Um representante disse: "Acredito que, em vez de vender 300 mil dólares a esse cliente, posso vender 500 mil". Outro também propôs aumentar sua cota. Sabiam que metas maiores exigiriam mais da parte deles, mas toparam o desafio. Depois da feira, liguei para a gerente de treinamento para saber qual tinha sido o resultado. Ela estava exultante, haviam surpreendido até a matriz americana: o resultado das vendas fora de 8 milhões de dólares!

Uma equipe de baixa performance sempre quer diminuir sua meta, pois tem medo das pressões. Na vida, porém, quem dá menos recebe menos.

Na família é a mesma coisa: quando todos se comprometem a buscar resultados, têm flexibilidade para mudar quando estes não são os desejados. Se o objetivo é estabelecer diálogo com o filho, os pais de alta performance se questionam: "Estamos construindo um diálogo ou não?" Quando a resposta é negativa, refletem sobre seu comportamento e mudam para atingir o que desejam.

Uma equipe de alta performance atua pensando no objetivo. A ação não tem valor por si só. A meta não é mostrar empenho, e sim capacidade de realização.

## 5- O todo é maior que as partes somadas

Num time imbatível, o poder da equipe é maior que a soma dos indivíduos. A inteligência do grupo é maior que a soma do quociente intelectual das pessoas.

A música nos mostra grandes exemplos da importância dos times. O que aconteceu com a carreira dos Beatles depois que se separaram? Eles foram muito maiores do que Paul, John, George e Ringo isoladamente. O que houve com os discos individuais dos integrantes dos Rolling Stones? Nada. Individualmente, eles não conseguiram a mesma força, apesar da competência dos músicos que escolheram para trabalhar nesses projetos.

Os esportes coletivos também nos mostram times que transcenderam e ultrapassaram a soma dos indivíduos: o time de vôlei masculino que conquistou a medalha de ouro na Olimpíada de Barcelona; o time de basquete masculino ganhador da medalha de ouro nos Jogos Pan-americanos de Winnipeg; e o time de basquete feminino campeão mundial de 1994. Eram, certamente, times com grandes atletas, mas sua maior qualidade foi se superar e ir além do esperado.

Quando há limitações de recursos ou mesmo de talento e técnica só existe uma possibilidade de sucesso: o time se superar em força e união.

Normalmente as empresas são um desperdício de talento e capacidade. Se somarmos a capacidade dos indivíduos, conseguiremos um número imaginário de 100. Ao analisar os resultados, porém, a soma não chega a 10. O grupo desperdiçou muita capacidade durante o trabalho.

Infelizmente, há muitos casais que não conseguem transformar em relacionamento produtivo todo o amor que sentem. Observando-os, podemos pensar: como duas pessoas tão legais e apaixonadas criaram esse casamento tão complicado?

Quando uma família se supera, faz até o dinheiro render mais. Adoro quando conheço trabalhadores simples de uma fazenda e vejo as casas lindas que conseguiram construir. A união da família em torno de uma meta e o amor de todos criaram um lugar muito especial. A força do grupo foi maior que a limitação do rendimento. Parece até que eles ganham mais do que recebem. Coisa de pessoas integradas e comprometidas. Outras famílias, com renda muito maior, não conseguem esse mesmo resultado porque as pessoas não souberam fazer render o salário.

## Os hábitos do time de alta performance

"Líderes se desenvolvem, não são fabricados."

*Charles Handy*

Nesses quase trinta anos trabalhando e observando grupos, descobri que existem alguns hábitos das equipes de alta performance que não aparecem nas de baixo desempenho. É interessante observar as atitudes dos campeões e procurar implantá-las em seu grupo. No início, tudo parece artificial, mas depois de algum tempo as pessoas incorporam essas posturas a seu modo de agir. É como um aprendiz de enfermagem que aprende a sempre lavar as mãos antes de começar a trabalhar. No início, alguém precisa monitorá-lo, mas depois de certo tempo ele mesmo se sente mal ao fazer algo sem lavar as mãos.

## O hábito de agradecer

Enquanto o sábio agradece, o pobre de espírito reclama...

Para ser feliz, você não precisa de grandes conquistas materiais. Já tem o pôr-do-sol, as estrelas, os pássaros, o sorriso dos amigos, seus irmãos. Agradeça a Deus, pois você tem sua vida, o dia que está começando, sua força e determinação. Com todos esses presentes da vida, o resto você constrói...

O sábio agradece às pessoas que acreditaram nele porque o ajudaram a se sentir abençoado, mas agradece também àqueles que o desqualificaram, pois foram eles que o ensinaram a ser um guerreiro.

Numa equipe integrada, as pessoas agradecem aos companheiros. Agradecem não só individualmente mas também — e principalmente — na frente dos demais. A gratidão gera um clima em que todos se sentem importantes para o resultado do grupo.

Agradeça: uma ajuda, um toque, uma orientação oportuna, uma crítica pertinente.

Agradeça: o esforço de varar a noite para entregar um projeto, o de chegar mais cedo numa emergência, o de ficar uma semana sem almoço para substituir um colega doente.

Agradeça: uma boa idéia, uma presença positiva e cooperativa.

O agradecimento faz o outro se sentir importante e cria a consciência de pertencer a um grupo.

## O hábito de elogiar

Elogiar é admirar a capacidade do outro, o que o torna mais autoconfiante.

Certa vez, um amigo me contou que ficou surpreso quando um tio lhe disse que seu pai elogiava muito seu talento para o futebol. É que, quando estavam só os dois, o pai o criticava o tempo todo no jogo. "Fiquei pensando por que ele não me fazia elogios."

Muita gente acha que os elogios estragam a pessoa. Essa é uma ilusão que leva ao individualismo e à solidão. O elogio ajuda o outro a se sentir admirado.

Nos times de baixa performance, as pessoas não se elogiam porque pensam que, se o fizerem, vão encher a bola do outro e ele poderá ser mais valorizado e levar vantagem na hora de uma promoção.

Na equipe de alta performance não há lugar para picuinhas. Todos sentem que estão crescendo independentemente do cargo que têm. Sabem que são importantes e têm prazer em mostrar potencial e capacidade. E em reconhecê-los nos outros.

Elogiar é aplaudir. Os orientais dizem que, no aplauso, um é a mão direita e o outro é a mão esquerda. Aplaudir alguém é como abraçá-lo. O som das palmas é o som do encontro. Significa que um no palco e outro na platéia se abraçam, numa homenagem à capacidade e à competência.

Quando você elogia, está aplaudindo. Está dizendo que encontrou no outro sua própria competência e capacidade.

O agradecimento diz quanto a pessoa é importante, o aplauso mostra de quanto ela é capaz.

O elogio muda totalmente a forma de as pessoas enxergarem o processo de aprendizado. Na educação, ao contrário do que sempre se pensou — que a única maneira de ajudar o aluno era criticá-lo —, viver censurando faz com que as pessoas vejam apenas o que falta, e não o que conseguiram obter.

Dois colegas de trabalho saíram para caçar marrecos. Um deles possuía um cachorro muito especial. Sempre que alguém acertava um marreco, o cachorro corria sobre a água e trazia o animal. Depois de caçar muitos marrecos e de várias corridas do cachorro sobre a água do lago, seu dono perguntou ao colega:

"Você não observou nada de diferente?"

"Seu cachorro não sabe nadar!", respondeu o outro.

Tantos milagres, e os pobres de espírito somente conseguem ver que o cachorro não sabe nadar...

Todos temos o que aprimorar em nossa vida, mas certamente já conseguimos nossos milagres. Coloque sua atenção nas conquistas das pessoas e você lhes transmitirá mais confiança para que enfrentem os desafios. Em uma equipe em que as pessoas têm o foco na capacidade dos outros, todos se sentem mais confiantes em arriscar.

## O hábito de mostrar orgulho de pertencer ao time

A solidão enfraquece as pessoas. Caminhar pela vida solitariamente pode evitar problemas, mas faz com que ela não tenha colorido. Quando se opta pela solidão, a dificuldade de pertencer a um grupo não foi resolvida, a pessoa simplesmente se afastou do problema. Evitar um problema não o resolve, simplesmente não se olha para ele. Mas essa dificuldade poderá fragilizar a pessoa. Você pode se apaixonar por alguém, e isso se torna assustador, pois o outro talvez descubra que você não sabe conviver com ninguém. Você pode ser convidado para trabalhar numa empresa, e esse trabalho mostrar a todos que você não sabe criar vínculos.

A solidão nunca é uma solução definitiva.

O único caminho para a realização pessoal passa pela criação de vínculos com as pessoas que amamos e admiramos.

Membros de uma equipe de alta performance exibem uma marca: o orgulho de pertencer àquele time. Por isso estão sempre elogiando o grupo e a empresa. Comentam como é gostoso trabalhar num lugar onde todos lutam por suas metas e são amigos.

O hábito de congraçar consolida o espaço para essas expansões.

É muito lindo quando esse sentimento é verbalizado para todo o time. A equipe fica feliz em ouvir de um de seus membros: "Gosto deste nosso time, gosto desta minha família". As árvores mais altas têm as raízes mais profundas. Nossas raízes psicológicas estão em nossa família, em nosso sobrenome. As raízes de nossa competência profissional estão fincadas em nossa empresa. Quando alguém tem orgulho da empresa em que trabalha fica mais confiante em sua capacidade. Sabe que seu sobrenome profissional é o nome de sua empresa.

Admiro os pais que, mesmo depois de separados, ajudam a melhorar o relacionamento das crianças com a mãe. Ou a mãe que, mesmo triste com a separação, ajuda os filhos no relacionamento com o pai que saiu de casa. Esses pais estão ensinando os filhos a cultivar suas raízes. Mostram que o amor pelos filhos é maior que sua dor.

Pessoas que falam mal da empresa em que trabalham demonstram fraqueza de caráter. Não percebem que a empresa é conseqüência de sua atitude dentro dela. Nunca contrato alguém que fala mal de seu emprego anterior. Sei que a próxima vítima desse veneno serei eu...

Viajo muito e detesto quando chego a uma cidade e alguém vem me falar mal dela. Na verdade, essa pessoa não está me mostrando os problemas de sua cidade. Está me dizendo que é alguém em quem não se pode confiar. Adoro as pessoas que têm orgulho do lugar onde moram, que têm gratidão pelo que recebem e que lhes permite alimentar a família, educar os filhos e realizar seus sonhos.

A equipe que admiro tem pessoas orgulhosas por pertencer a ela. Pessoas que se orgulham do sobrenome e sabem que são responsáveis por vê-lo brilhar cada vez mais.

## Transforme essas idéias em hábitos de seu time

Uma idéia poderosa é desenvolver esses hábitos na equipe. Aos poucos, sem grande alarde, a força da equipe vai crescendo.

Pode-se escolher um ou dois hábitos para treinar em conjunto. Convide seu pessoal uma vez por mês para compartilhar aquilo que todos fizeram juntos, para agradecimentos e elogios mútuos, para expressar o orgulho de estar no time e na empresa. Isso pode ser feito meia hora antes ou depois do expediente. No começo pode parecer estranho, mas aos poucos irá sendo incorporado ao jeito de o grupo funcionar, e os resultados aparecerão. Esse ritual revigora as forças de um time de alta performance.

Se por acaso sua equipe ainda não chegou lá, tenha uma certeza: a implantação desses hábitos começará a abrir caminhos.

# Os donos do futuro sabem se relacionar

"No amor ocorre o paradoxo de dois seres
se tornarem um, mas continuarem a ser dois."
*Erich Fromm*

A FELICIDADE SOMENTE É POSSÍVEL QUANDO SE CONStroem relacionamentos saudáveis. É pelos encontros que cultivamos em nossa vida que vamos atingindo a maturidade.

Cada vez mais as pessoas descobrem que precisam adotar uma nova maneira de se relacionar, na qual o contato signifique não só crescimento mas um laço de união profunda entre elas. Um relacionamento construtivo segue a fórmula eu + tu = eu + tu + nós. Isso só se torna possível quando uma relação estimula o crescimento de cada pessoa e cria uma nova entidade, que vai além dos dois.

É triste ver uma união que não consegue evoluir, apesar da consideração que as pessoas têm uma pela outra. Antigamente, quando isso acontecia num casamento, o casal ficava junto apenas por obrigação. Os dois viviam infelizes até que a morte os separasse. Enquanto isso, destruíam-se. Apesar do sofrimento, lutava-se para manter as aparências.

A família se odiava, mas nos almoços de domingo estavam todos lá, por obrigação.

Hoje as pessoas não vêem mais sentido em suportar um relacionamento por dever. Elas querem ser felizes e, quando não conseguem, sentem muito mais facilidade em se separar. Certamente a separação não é a única solução para as dificuldades de convívio, mas continuar junto por dever não é mais suficiente. As pessoas querem e merecem mais.

Os donos do passado sempre viram as pessoas como fonte de sofrimento, enquanto os donos do futuro entendem os relacionamentos como o início do seu processo de evolução.

## Os relacionamentos de dependência

O modelo de dependência do passado está falido. Viver para controlar o outro é muito desgastante. Os donos do futuro têm claro que se não há mais espaço para os individualistas também já não há lugar para pessoas dependentes. O mundo atual exige que sejamos autônomos e capazes de administrar nossa vida. Não devemos confundir cooperação com dependência.

Na empresa, é preciso que os relacionamentos estimulem as pessoas a desenvolver sua capacidade. É tanto trabalho, são tantas as mudanças, que ninguém tem mais tempo de controlar os outros. Nem o gerente tem tempo de verificar se a secretária fez o que combinaram nem ela tem tempo de mimá-lo. São duas pessoas autônomas que trabalham juntas pelo prazer de construir o sucesso da organização. Não se trata mais de relações como a do pai que cuida para que a filha não se perca no mundo. Nem como a da mãe de antigamente que fazia a lição de casa para o filho.

Os casais começam a perceber que precisam se dar as mãos e trabalhar juntos pelos mesmos objetivos. A mulher está saindo de casa para se realizar como pessoa e participar da construção do orçamento da família. Os homens estão se dando conta de que seu papel já não é unicamente o de provedor, mesmo porque cada vez mais as mulheres recebem bons salários e, cada vez mais, salários superiores ao do companheiro. É preciso conceber uma nova forma de relacionamento, mais amigo e cooperativo, em que ambos sejam livres para pensar, sentir e agir.

Os pais querem descobrir uma maneira de formar filhos mais autônomos. Percebem que criar filhos dependentes é um erro grosseiro. Primeiro porque se sentem sobrecarregados com a pressão do trabalho e segundo porque querem formar pessoas bem-sucedidas, capazes de decidir sobre a própria vida. Os pais percebem que, nas empresas, os profissionais submissos cada vez mais cedem seus postos a outros com mais iniciativa.

## A história da simbiose

E por que é tão difícil conquistar autonomia?

Essa história começa lá longe, nos primeiros anos de vida de cada um de nós, quando passamos pelas primeiras experiências de relacionamento. A tendência do indivíduo é repetir, na vida adulta, o modelo de relação que experimentou na infância.

O recém-nascido depende completamente da mãe para sobreviver. Como a natureza é sábia, prepara a mãe para atender incondicionalmente o bebê nessa fase. Aguça sua intuição em todos os sentidos. Se passar um trem debaixo de sua janela, ela até poderá continuar dormindo, mas se o bebê balbuciar no berço acordará num salto.

O fenômeno chama-se simbiose primária e se prolonga até os 2 anos de idade do bebê aproximadamente. A partir daí, a criança inicia um intenso aprendizado e começa a conquistar independência. Muitas vezes, no entanto, a mãe continua a tratá-la como um bebezinho de colo — cuida exageradamente de um filho que já está em condições de começar a pensar por si próprio. Age assim para se sentir útil. Não consegue abrir mão do instinto materno, mesmo em prol do seu crescimento pessoal e da autonomia da criança. Não percebe que amar é ter a generosidade de deixar a larva lutar e se transformar em borboleta. Essa mãe não se dá conta de que o filho precisa desenvolver as próprias asas para ter vida própria.

Se o pai entra nesse jogo de superproteger o filho, a situação piora. Então são dois querendo mostrar à criança como têm prontas todas as soluções para a sua vida. O filho acaba não descobrindo que ele mesmo é capaz de satisfazer suas necessidades. Entende que quando quer alguma coisa é mais fácil chorar em vez de lutar por ela, pois os pais vão saciá-lo imediatamente. É o início da vida de um adulto infantilizado e irresponsável.

A relação de dependência que permanece além do tempo necessário recebe o nome de simbiose primária não resolvida. Os pais dão tudo à criança, atendem a todas as suas necessidades, adivinham seus desejos antes mesmo que ela os manifeste. Isso, porém, tem um preço: os pais cobram submissão. Oferecem tudo ao filho, mas em troca exigem que ele fique sempre por perto. Resultado: ninguém administra a própria vida. Vivem todos cobrando uns dos outros a manutenção de sua carência. São papéis complementares. As pessoas ficam atreladas. Reclamam que o outro dá muito trabalho, mas não fazem um esforço efetivo para criar a independência do relacionamento.

Outra espécie de dependência é a que se estrutura quando a criança tem pais muitos imaturos, dos quais precisa cuidar. Deve amadurecer rapidamente para dar segurança aos pais. Aprende a atingir suas metas, mas se torna emocionalmente insegura. Quando adulta, continua a cuidar de quem está a seu lado na esperança de conquistar o carinho que não recebeu na infância. É a dependência conhecida como simbiose secundária. Inverte-se o papel com relação aos pais: a criança tem a esperança de ser cuidada, mas descobre que, se não zelar pelos pais, a situação se tornará desfavorável para ela.

Gostaria que você parasse um momento para refletir sobre seu relacionamento com seus pais. Você pode ter sido um felizardo, ter recebido muito amor e permissão para crescer e se tornar adulto. Mas será que seus pais o trataram como criança por mais tempo do que seria necessário? Será que não souberam cuidar deles próprios e, desde pequeno, você precisou aprender a olhar por todos? Se uma dessas duas distorções aconteceu, é provável que você crie relações de dependência que atrapalhem seu crescimento e o das pessoas que mais ama.

Desenvolvida pela análise transacional, essa é uma teoria que nos ajuda a entender por que existem tantas relações de dependência em nossa vida. Vamos aprofundar essa reflexão e depois falar sobre os caminhos da construção de melhores relacionamentos.

## A estrutura da dependência

Todos os dias temos exemplos de relacionamentos de dependência nas empresas, nas escolas, nas famílias. As pessoas reclamam por carregar o outro nas costas, mas no fundo criam uma situação da qual não conseguem se libertar.

São, por exemplo, aqueles chefes controladores — no papel dos pais de antigamente —, com toda uma equipe dependente de suas ordens e decisões, que precisam estar cercados de gente sem iniciativa para se sentir importantes. Como têm medo do crescimento das pessoas, fomentam a dependência delas. Queixam-se muito da incompetência de seus funcionários, entretanto sabotam seu crescimento.

Do outro lado da mesma moeda, empregados fazem o papel de filhos e reclamam do chefe centralizador — mas vivem delegando para cima. São os funcionários que devolvem os problemas ao chefe.

"Chefe, sabe, temos um problema!"

"Que problema?"

"Aquele relatório que fiquei de entregar hoje não está pronto... Não tive tempo. Será que você pode terminá-lo para mim?"

É o tipo de funcionário que não ajuda o chefe a confiar nele.

Há outros exemplos, como o do homem de sucesso que namora mulheres dependentes do seu dinheiro por não se sentir capaz de conquistar alguém pelo que ele é. Não se acha digno de amor e une-se a alguém que se sente incapaz de conquistar autonomia. Os dois vão se manipular o tempo todo. As ilusões de incompetência reforçam a ilusão de dependência. No dia em que ambos resolverem acreditar em si mesmos, a vida de cada um se tornará mais leve e fácil de administrar. E poderão se amar genuinamente.

Trocar o amor pela dependência é como a história do cego que carrega o aleijado nas costas: o primeiro usa a capacidade de andar e o segundo a de enxergar. Juntos, eles se completam, mas nenhum experimenta totalmente seu potencial.

## A manipulação do outro

As relações simbióticas sugam energia de ambas as partes. Em vez de investir energia na realização de seus sonhos, a pessoa a utiliza para manipular o outro.

Que desperdício! Em vez de fazer ela mesma o que quer, manipula o outro para fazer por ela!

Em vez de ganhar seu dinheiro, manipula alguém para lhe conseguir o dinheiro de que precisa!

Em vez de se transformar em alguém de fato importante, aprende a manipular um incompetente para lhe dizer como ele é importante!

Segundo o psiquiatra argentino Roberto Kertesz, existem quatro formas de manipulação:

- Por medo: se você não fizer isso eu vou embora!
- Por culpa: eu dediquei toda a minha vida a você e agora recebo seu desprezo!
- Por indiferença: enquanto não fizer o que eu quero, não falo com você!
- Por suborno: se não aceitar esse emprego, eu lhe dou o carro que me pediu.

Quando pressiona uma pessoa, tentando fazê-la sentir-se responsável por você, a está desviando do próprio caminho para que faça o que você não consegue fazer por si mesmo. Esteja certo: em pouco tempo, ela vai lhe mandar a conta por tudo o que deixou de realizar por sua causa.

Qual será sua forma predileta de manipulação? Esteja atento, pois essa é a maneira pela qual você cria dependência das pessoas. Manipulação é a maneira mais acabada de matar um relacionamento.

O manipulador não aprendeu a respeitar as decisões do outro e utiliza tudo o que está a seu alcance para que este satisfaça suas necessidades. Acha que tem o poder, mas acaba sendo vítima da própria manipulação. É como o marido que proibiu a esposa de estudar e, alguns anos depois, quando precisou da participação dela no orçamento da casa, ouviu como resposta: "Se você tivesse me deixado estudar, eu já teria começado a trabalhar. Agora não tenho idade para começar".

Em vez de crescer e amar, aprende-se a manipular.

## Conhecer bem o eu para construir relacionamentos mais plenos

*Relacionar-se é conseqüência da maneira de ser. Transformar o mundo sempre começa por transformar a si próprio.*

O objetivo desta conversa é ajudá-lo a ter mais consciência da sua maneira de se relacionar e de como criar um caminho mais pleno para estar com as pessoas que você ama. Vamos analisar os individualistas e os dependentes.

Como vimos, os dependentes dividem-se em dois tipos: os dominadores, que têm poder e gostam de controlar, e os culpadores, aos quais podemos chamar dominados — na verdade, também dominam, porém de forma mais sutil, através da culpa.

## Os dependentes dominadores

São pessoas de sucesso no trabalho, mas que procuram centralizar tudo. Querem ter poder total para controlar. Não abrem mão do domínio e do poder do cargo. Vivem sobrecarregadas e, portanto, acabam estafadas.

Hoje em dia, esse é o grande desastre dos executivos e dos empresários de sucesso: eles arrebentam sua qualidade de vida, sem perceber que isso é conseqüência da vontade de mandar sempre e de se cercar de pessoas que eternamente obedecem.

Há também os dominadores que hoje já não ocupam altos cargos. Eram empresários que faliram ou executivos que ficaram desempregados. Centralizavam tanto as decisões que tornaram a empresa lenta — tudo tinha de passar por suas mãos. Queriam tanto conferir cada detalhe do trabalho e se envolver em cada mínimo acontecimento que criaram empresas com pessoas sem iniciativa. E acabaram indo para o fundo do poço.

## O desenvolvimento psicológico desse tipo

Na infância, os dominadores descobriram que os pais não tinham capacidade de administrar a própria vida. Concluíram, então, que não podiam confiar neles. Eram crianças que pensavam: "Meus pais não me levam aonde eu quero ir, não vão à reunião da escola, não cuidam de mim. Então, tenho que me virar sozinho". Crianças assim aprendem a não confiar nos outros e acabam não compartilhando seus sentimentos.

Quando adultas, cuidam dos outros da mesma forma que cuidavam dos pais. É aquele homem que namora moças desprotegidas ou, se for mulher, é o tipo que cuida do namorado, sempre desempregado.

Os dominadores manipulam por medo ou por suborno. Dão, mas cobram, como se dissessem: "Eu cuido de você desde que não reclame, me obedeça, seja sempre leal". Significa dizer: "Eu cuido de você, desde que não crie seu próprio espaço de vida".

Quando, ainda jovens, começam a conquistar o que desejam descobrem que o sucesso lhes traz poder. Fazem com que a mãe lhes obedeça, o pai não os critique, não lhes coloque limites, e que os colegas de escola os valorizem. Não recebem amor incondicional, mas conseguem admiração. Não é do que realmente precisam, porém dão um jeito nisso.

Os dominadores têm uma ilusão em relação ao poder muito comum nos políticos. Imaginam que controlar o maior número de pessoas fará com que nunca mais sofram de solidão. Infelizmente, quanto mais o outro precisa deles, mais distantes ficam do amor incondicional. No enterro desses políticos, as pessoas não choram sua partida, mas o fim dos benefícios que recebiam.

Sabe o pior de tudo? Muitas vezes essa pessoa é amada de verdade, mas já perdeu a noção de que alguém pode lhe dar amor pelo que é, e não pelo que tem a oferecer. Assim, trata a pessoa que lhe devota um amor autêntico como se fosse interesseira, e esta acaba se afastando, cansada de ouvir desaforos.

Não ter recebido amor nem carinho na infância é uma ferida aberta que requer muita sabedoria para cicatrizar bem.

## Saídas para o crescimento

O dominador mergulhará nesse ciclo de relacionamentos simbióticos até descobrir que merece uma vida mais plena. Um belo dia, acorda saturado do estilo dessa vida de admiração e começa a se perguntar se é feliz ou do que precisa para ser feliz. Então, geralmente, tem a sensação de haver desperdiçado sua vida.

Infelizmente, muitas vezes essa percepção só ocorre em situações dolorosas: uma doença grave, um acidente automobilístico, o questionamento de um filho, a morte de um ente querido ou o término do casamento.

De modo geral, essa consciência dura pouco. A dor de perceber que está desperdiçando a vida é logo aplacada pela correria do dia-a-dia. O dominador, portanto, precisa aproveitar seu momento de conscientização para organizar um programa de crescimento pessoal.

Quando, no fim da vida, Napoleão Bonaparte caiu prisioneiro, não aceitou o fato de que não havia mais ninguém em quem mandar, de que já não tinha o poder de dar ordens. Conta-se que, em seis anos de prisão, ele usou apenas suas roupas de imperador. Elas já estavam velhas e sujas, mas Napoleão não as tirava. Não conseguia viver sem o poder.

Quando não se tem a grandeza de ser gente, até a roupa é suficiente para manter a ilusão do poder. Napoleão não tinha o verdadeiro amor, apenas a roupa que lhe lembrava esse poder.

Se você anda percebendo que o amor é mais importante que a roupa, aqui vão algumas idéias para ser bem-sucedido nessa revolução de vida.

## 1- Aprender a respeitar as decisões do outro

O dominador precisa aprender a respeitar as decisões alheias. Deve perceber que o crescimento de alguém não significa uma ameaça direta nem um ato de desamor. O outro simplesmente está fazendo o que gosta, quer cuidar de sua vida, e não magoar.

O marido que deseja controlar a vida da esposa precisa entender que ela sente vontade de trabalhar fora apenas porque acha importante ganhar seu dinheiro, e não porque não o ama.

O pai cuja filha diz que resolveu parar de trabalhar com ele deve entender que sua filha quer ter agora o prazer de ela mesma concretizar seus sonhos.

Quando você respeita o caminho que seus filhos escolheram deixa de ser responsável pelo sucesso ou não deles e pode aproveitar muito mais a amizade existente entre vocês.

Você pode ter escolhido dedicar grande tempo de sua vida a enriquecer, enquanto seu filho talvez deseje um estilo de vida mais simples. São opções diferentes que, se respeitadas, geram convivência mais descontraída e prazerosa.

## 2- Parar de controlar a vida do outro

Querer controlar alguém é algo desgastante e inútil. É simplesmente uma ilusão. Você pode imaginar que, pelo fato de estar olhando e monitorando pessoas, tem poder sobre elas. Doce ilusão. O marido ciumento que controla a esposa é o que mais acaba por incitá-la à traição.

O pai controlador ao infinito acaba criando no filho o prazer de enganá-lo. Quando você estimula um clima de confiança, as pessoas se libertam do medo de ser cobradas e se tornam mais próximas.

O dominador precisa perceber que os outros podem se responsabilizar pela própria vida e não deve querer substituí-los em suas decisões. No fundo, o dominador teme que, ao aprender a decidir, as pessoas tomem atitudes das quais ele próprio tem medo.

Um amigo desabafou: "Sabe, eu e minha mulher somos como dois galhos tortos e enroscados de uma árvore. Tenho medo de que, se crescermos, ela vá embora".

Quando os pais começam a escutar os filhos, descobrem que têm muito mais consciência do que imaginavam. Eles vão errar e acertar como qualquer um de nós, aprender com os erros e desfrutar os acertos.

Na empresa, à medida que você deixa de controlar tudo, vai sobrando mais tempo para curtir a vida e tomar decisões que levarão sua carreira adiante. Invista tempo na ajuda a sua equipe, para que ela cresça e tenha maior autonomia.

Confie no outro. No início dá medo ficar sozinho, mas depois você vai descobrir que é muito mais amado do que imagina.

## 3- Pedir ajuda

Quando o dominador deixa de controlar o outro e passa a respeitá-lo, está apto a dar o terceiro passo, que é ter a humildade de pedir ajuda.

Durante esse processo de humanização, os sentimentos começam a aflorar — eles são o sinal de que você está no caminho certo.

É preciso muito desprendimento e grandeza para que

um dominador chore na frente dos outros. Ao mesmo tempo, ele vai descobrindo que aceitar suas fraquezas o aproxima das pessoas queridas. Quando expõe sua fragilidade, pode receber amor por ser o que é, e não por cuidar de todo mundo.

Nessa fase, ele começa a procurar os amigos de verdade para abrir o coração. Pede conselhos e aceita orientação. Então, sim, pode descobrir que é amado.

Ele constata que solidão não é mais a ausência de sexo, e sim a distância das pessoas queridas.

É nessa etapa que o dominador deixa que seu gerente conquiste novos mercados, pois se dá conta de que o mais importante é recuperar o amor de sua filha.

Nessa fase, o dominador começa a ter orgulho dos seus sentimentos. Fica feliz por ser rebaixado de semideus a ser humano. Adora fazer parte da família, do grupo de amigos. Aprende a compartilhar a vida com as pessoas queridas e descobre que é amado pelo que é, e não pelo que tem.

Os amigos ficam surpresos em descobrir tantos sentimentos no interior do ex-dominador e sentem-se importantes pelo fato de poder ser úteis também.

Experimente conversar com seu filho não para pedir algo, mas para desabafar, falar das suas incertezas, dos seus sonhos, dos seus medos. Assim começa a amizade verdadeira entre duas pessoas sensíveis, capazes de abrir o coração uma para a outra.

## 4- Conquistar o que o coração precisa

A publicidade cria muitos objetos de desejo que não têm a mínima importância para a felicidade. Infelizmente, muita gente desperdiça energia apenas para ser vista como uma pessoa de sucesso, deixando de valorizar aquilo que tem real importância em sua vida.

O próximo passo é aprender a conquistar o que você precisa, e não o que quer. A maioria das pessoas estabelece metas nascidas da voracidade pelo poder, e não da alma, do coração. Quando não trabalhamos pelo que queremos, acabamos desejando coisas que não fazem sentido para nós. Quando aprendemos a entrar em contato com nosso coração, passamos a ser capazes de experimentar a felicidade e não corremos atrás de sonhos sem significado.

Não é preciso ter vários carros na garagem para ser feliz. Ninguém necessita de uma centena de pares de sapatos para ter alegria de viver.

A alegria de viver não nasce das posses. Muitos milionários passam a vida entre a depressão e a angústia, apesar de tudo o que possuem, porque não conseguem desfrutar a vida.

O prazer de viver nasce da maneira como você curte os pequenos acontecimentos. É estar atento a detalhes que trazem a felicidade. É saber saborear o sorriso do filho, da mulher, do marido, é a brincadeira com o cachorro, é contemplar o pôr-do-sol. Nesses momentos, as prioridades passam a ser os desejos que nascem do coração.

Quando penso na alegria de viver, me vem à mente um poema que aprecio muito:

*Houve um tempo em que minha janela se abria sobre uma cidade que parecia ser feita de giz. Perto da janela havia um pequeno jardim quase seco.*

*Era uma época de estiagem, de terra esfarelada, e o jardim parecia morto. Mas todas as manhãs vinha um pobre com um balde e, em silêncio, ia atirando com a mão umas gotas de água sobre as plantas. Não era uma rega: era uma espécie de aspersão ritual, para que o jardim não morresse. E eu olhava para as plantas, para o homem, para as gotas de água que caíam de seus dedos magros e meu coração ficava completamente feliz.*

*Às vezes abro a janela e encontro o jasmineiro em flor. Outras vezes encontro nuvens espessas. Avisto crianças que vão para a escola. Pardais que pulam pelo muro. Gatos que abrem e fecham os olhos, sonhando com pardais. Borboletas brancas, duas a duas, como refletidas no espelho do ar. Marimbondos que sempre me parecem personagens de Lope de Vega. Às vezes, um galo canta. Às vezes, um avião passa. Tudo está certo, no seu lugar, cumprindo o seu destino. E eu me sinto completamente feliz.*

*Mas, quando falo dessas pequenas felicidades certas, que estão diante de cada janela, uns dizem que essas coisas não existem, outros que só existem diante das minhas janelas, e outros, finalmente, que é preciso aprender a olhar, para poder vê-las assim.*

"A arte de ser feliz"
Cecília Meireles

Se você está se conscientizando da importância de ouvir a alma para definir suas prioridades, isso é sinal de que sua vida está entrando no rumo certo.

## Os dependentes culpadores

São pessoas que geralmente têm sucesso limitado no trabalho. Crescem à sombra dos outros. Atuam bem quando seguem a orientação de alguém competente. Quando precisam administrar sozinhas, não alcançam o desempenho esperado. Reclamam que o sócio é dominador e centralizador, mas quando ele abandona o negócio o barco começa a afundar.

São aquelas que vivem se queixando do cônjuge dominador, mas quando o casamento termina não conseguem tocar a vida. Pessoas como essas simplesmente ficam torcendo para que o mundo pare, pois assim não precisam evoluir.

Estão sempre cheias de idéias, dizem que desta vez a vida vai mudar, porém continuam dependentes da esposa, do marido, do pai. Vivem do passado. É o artista que um dia gravou um disco independente e agora fica repetindo que só não deu certo como músico porque as gravadoras querem apenas produtos comerciais, mas com aquele CD ele fez muito sucesso, chegou a tocar num bar, chegou a ter na platéia um músico famoso...

No amor, os dependentes culpadores unem-se aos dominadores. De modo geral procuram pessoas que lhes financiem a vida. Reclamam que o outro quer controlá-los, contudo não se esforçam para conseguir autonomia financeira. É a esposa que não trabalha fora e depois joga a culpa no marido e nos filhos.

Na família, é aquela pessoa com quem todo mundo se preocupa: não tem sucesso na carreira e vive mudando de emprego. Freqüentemente é o filho predileto cujos pais acham que não vai adiante porque se casou com uma pessoa que não o deixa crescer. É o filho que não acerta profissionalmente e espera que os pais banquem seu novo negócio. Quando o pai se recusa a financiar a empresa, ele o chama de egoísta, acusa-o de não lhe dar valor, diz que se o pai tivesse ajudado ele teria mostrado todo o seu talento, teria dado certo como surfista profissional ou sido um ótimo músico ou um empresário bem-sucedido. E os pais, sentindo-se culpados, continuam a dar mesada para esse filho de 30, 40 anos. Muitos, com essa idade, ainda moram com os pais e, às vezes, vivem do dinheiro minguado da aposentadoria da mãe.

## O desenvolvimento psicológico desse tipo

O dependente culpador foi uma criança com pais superprotetores. Durante a infância, não fazia nada por si mesma, os pais sempre agiam em seu lugar. Quando surgia alguma dificuldade, o pai logo a resolvia por ela. Se tomasse uma iniciativa e algo desse errado, era muito criticada. Aos poucos, foi aprendendo a se sentir insegura, a achar que o melhor era não se arriscar para não enfrentar críticas.

São filhos de mães inseguras na vida que os criaram para que ficassem a seu lado para sempre. Temiam que o crescimento dos filhos as empurrasse de volta para a solidão. Eram pais acomodados, que preferiam fazer a lição de casa do filho a ajudá-lo a assumir as próprias responsabilidades.

Num contexto como esse, a criança foi adquirindo a noção de que os outros fazem as coisas melhor do que ela e, portanto, não vale a pena ter trabalho se, de qualquer maneira, alguém assumirá suas tarefas.

O dependente culpador também pode ser fruto de uma família pobre que desenvolveu a cultura das desculpas. São pais que sempre dizem que a culpa de ser pobres é do governo ou dos empresários, que eles nunca deram certo porque não tiveram oportunidade de estudar, de crescer. Os pais colocam-se como vítimas e ensinam os filhos a ser vítimas. O resultado é que estes perdem a força de lutar. Quando os pais levam as crianças a acreditar que a sociedade é injusta, ingrata e não valoriza as pessoas, também as estão convidando a sentir-se vítimas do destino.

Quando crescem, essas crianças acreditam mesmo que

os outros são os responsáveis por sua felicidade. São mestres em pedir que os outros façam coisas que elas deveriam fazer, estão sempre culpando alguém por seus problemas, por sua solidão, por seus fracassos. São pessoas que dizem: "Você não cuida de mim, não liga para mim, me fez sofrer, me fez chorar, fez de mim um fracassado". Manipulam através da culpa e do medo. É a mulher que diz ao marido quando este quer se separar: "O nosso casamento é que me fez assim, então agora você não pode me deixar, tem que cuidar de mim, senão vou me matar".

Não entende que, embora até possa conseguir um gesto de atenção por agir assim, não obterá do marido um ato de amor verdadeiro.

## Saídas para o crescimento

O dependente culpador vive sempre abaixo de seu potencial até se dar conta de que merece mais da vida. Em geral, a revolução de sua vida se inicia quando ele começa a se sentir humilhado por sempre pedir algo aos outros. De repente, percebe que os filhos sentem pena dele ou que seus pais se envergonham das atitudes que toma. Essa dor faz com que decida pagar o preço de tomar o destino nas próprias mãos.

Assim como ocorre com o dominador, o processo de conscientização do dependente culpador é bastante rápido. Se, contudo, no momento em que se der conta de seu potencial não iniciar depressa o processo de mudança, logo surgirá alguém disposto a livrá-lo dos problemas. E ele tenderá a relaxar de novo até a próxima crise de consciência.

Se você se identifica com esse tipo de personalidade, aqui vão algumas sugestões para obter a vida que merece.

## 1- Buscar autonomia

"Experiência não é o que acontece a você.
É o que você faz com o que acontece a você."
*Aldous Huxley*

O dependente culpador precisa conquistar a independência e assumir um estilo de vida compatível com o que ganha.

Provavelmente você conhece dezenas de filhos desestimulados de mudar por receber mesada dos pais. Na verdade, o problema não está no fato de o pai dar a mesada, mas em aceitá-la. Em não perceber que existe uma alegria maior que a do dia da mesada: o dia do pagamento. Bom é o prazer de receber o fruto do próprio trabalho, é ter criado sua vitória pessoal.

Quantas mulheres vivem à sombra do ex-marido sem se dar conta de que têm capacidade de administrar sua vida? Em vez de lutar pelo sucesso, vivem brigando pelo aumento da pensão. Energia colocada fora de foco.

Quantos empresários e grandes agricultores vão todos os meses a Brasília cobrar do governo sua mesada? Tratam o governo como o pai que deveria garantir-lhes a sobrevivência. Acusam-no de responsável por seus problemas. Governo não é pai de gente grande. Em vez de gastar energia para pressionar o pai, muito mais produtivo seria administrar bem o negócio.

O primeiro passo para a autonomia é começar a viver de acordo com seus rendimentos, trabalhar para ganhar o próprio dinheiro e viver com esse dinheiro. Só assim você aprende a cuidar de si próprio e a ter prazer com as vitórias. Ainda que a princípio elas sejam pequenas, são suas vitórias.

É enfrentando as dificuldades que você fica forte. É superando seus limites que você cresce. É resolvendo problemas que você desenvolve a maturidade. É desafiando os perigos que você descobre a coragem. Arrisque e descobrirá como as pessoas crescem quando exigem mais de si próprias.

## 2- Ser responsável pela própria vida

Ser responsável pela própria vida é, principalmente, ser responsável pelos resultados: parar de acusar os outros, de reclamar, de dar desculpas.

Quando o dependente começa a assumir a vida, admite: "Estou obtendo esses resultados porque os produzi. Minhas ações foram compatíveis com esses resultados". Perceba isso e passe imediatamente a trabalhar para assumir a responsabilidade por você próprio. "Consegui esse resultado porque essa é a minha capacidade e vou melhorar meus resultados à medida que ampliar minha capacidade."

Corte as desculpas. Quanto mais utilizamos desculpas para nossos fracassos, mais elas roubam a energia que temos para transformar nossa vida.

Pare de acusar seus pais. Eles deram a você o que acharam ser o melhor. Você cresceu: dê agora a você o que acha que precisa.

Uma vez um amigo me disse: "Neste país só tem sucesso quem é corrupto!"

Fiquei bravo com ele e lhe perguntei se estava afirmando que seu pai era corrupto, que seus irmãos eram corruptos...

"Lógico que não são!"

Antes de buscar uma solução, o perdedor procura uma desculpa e, no fim, sempre encosta o corpo em alguém. No íntimo, quer que as pessoas sintam pena dele. Quando pára de viver culpando alguém, começa a olhar para dentro de si mesmo e a ter consciência do que precisa fazer para criar os resultados que merece.

Lembre-se: você sempre está colhendo os resultados que plantou. Não anda dando certo? Pois mude! Vá atrás do resultado que você quer. Verá que delícia é viver das próprias vitórias.

## 3- Aprender a trabalhar por seu sonho

Todo sonho tem um preço. E um dos segredos do sucesso é estar disposto a pagar esse preço. Pague à vista. Você ficará mais tranqüilo para realizá-lo.

É importante que o funcionário que se compromete a entregar um relatório assuma a responsabilidade por esse relatório. Talvez precise dormir pouco por alguns dias, talvez tenha de pedir ajuda a um colega, mas depois aprenderá a saborear sua conquista.

Para alcançar vitórias, é fundamental o esportista acordar cedo todos os dias, fazer uma montanha de exercícios, controlar a alimentação, abrir mão de muitas festas, dispensar bebidas alcoólicas, concentrar-se para a competição.

É preciso acabar com a fantasia de que as vitórias caem do céu!

O sucesso se constrói nos bastidores. Quando você vê um músico brilhar, saiba que por trás daquele sucesso existiram muitas e muitas horas de exercícios, de ensaios e principalmente de persistência para ouvir "não" muitas vezes e mesmo assim seguir lutando. Os Beatles, no início, tinham mais um músico. Chamava-se Stu e queria deixar o grupo. John Lennon teve uma última conversa com ele, procurando fazê-lo desistir da idéia: "Stu, fique. Seremos o maior grupo do mundo!" Em vão. Ele estava decidido a sair.

Antes de Ringo Starr, o baterista do grupo era Pete Best. Como achava que o conjunto não tinha futuro, relaxava nos ensaios. Acabou indo cuidar da lanchonete que a mãe deixou para ele.

Pague o preço do seu sonho. Ninguém pode fazer isso por você. Veja claramente quais são seus sonhos e seja ousado. Lute por eles.

Pare de viver pedindo dinheiro a seus pais, um carro novo ao marido. Cada vez que consegue algo simplesmente porque alguém lhe deu, você só reforça sua incapacidade. Você pode ter obtido o objeto, porém não aprendeu o mecanismo para conquistá-lo. Na próxima vez, vai precisar pedir de novo e pode ser que não encontre ninguém disposto a dá-lo a você.

Lute, mesmo sabendo que por vezes a luta não trará o resultado esperado. O treino para lutar, porém, gerará força para a próxima vitória.

## 4- Dar continuidade

Os culpadores estão sempre começando algo: uma nova empresa, um novo projeto, um novo curso, uma nova especialização. Quando os problemas aparecem, contudo, não dão continuidade aos projetos. No começo, tudo flui: a empresa, o inglês, a dieta. Depois, quando é preciso enfrentar uma transformação interna para continuar crescendo, o culpador desiste. Ele até tem iniciativa, começa alguma coisa, mas não consegue levá-la adiante.

Quando você o encontra, está invariavelmente comemorando algo novo: a faculdade, o amor, o curso de inglês.

Três meses depois, no entanto, se você pergunta como vai a nova atividade, ele já nem se lembra do assunto.

## 5- Começar e manter o projeto

Walt Disney, criador da Disneylândia, pediu financiamento a cerca de setenta bancos para seu projeto. Um após outro, todos iam recusando o empréstimo. Nenhum gerente de banco apostava num parque de diversões que cobrasse ingresso único. Imagine se Disney fosse de desistir facilmente! Nunca teria obtido o empréstimo. Ou talvez esquecesse depois do décimo "não", ou do vigésimo. Mas ele acreditou e continuou. Quando conseguiu o dinheiro, construiu uma das maiores fortunas do nosso tempo.

Nelson Mandela permaneceu preso durante 27 anos em virtude de suas crenças políticas. Por vinte anos ficou em uma solitária. A esse respeito, o filósofo Mario Cortela costuma comentar em suas palestras: "Imagine se depois de cinco anos alguém não chegou para ele e disse:

— Nelson, cinco anos e você aqui... Deixe de bobagem, assine este documento reconhecendo sua culpa e você será imediatamente libertado.

E Mandela, acreditando em sua missão de tornar a África do Sul uma nação única, mantinha-se irredutível.

— Mandela, quinze anos... Você aqui preso e a vida correndo lá fora... Deixe de ser bobo. Reconheça que você mudou e assine aqui.

E Mandela firme em suas convicções.

— Nelson, 25 anos, um quarto de século! Assine este documento e vá viver sua vida.

E Mandela aferrava-se à sua crença de que negros e brancos podiam viver como um só povo.

Até que ele conquistou a liberdade. Não apenas para sair da prisão mas para se transformar no presidente da África do Sul e liderar o trabalho de unificação do seu povo".

Pergunte às pessoas que você admira se obtiveram sucesso no primeiro projeto. Poucas responderão que sim. Pergunte a elas se já enfrentaram grandes crises. Quase todas responderão afirmativamente. O único remédio para essas situações é perseverar.

A maioria dos obesos acredita em fórmulas mágicas e em dietas milagrosas. Mas o método que funciona de verdade é a reeducação alimentar, acompanhada de exercícios. Coisa de disciplina e perseverança.

Todo mundo quer aprender inglês em cursos de algumas semanas. Passar um mês na Austrália e voltar falando fluentemente. Doce ilusão!

Tudo o que é importante para nós deve ter continuidade. No começo qualquer aprendizado é excitante, depois vem a etapa em que parece que não estamos evoluindo nada. Finalmente, incorporamos o aprendizado. Pode até demorar para a vitória chegar, mas vale a pena!

## Os individualistas

No trabalho, os individualistas desempenham bem tarefas que só dependem deles. São ótimos cientistas, pesquisadores, criadores, analistas, planejadores. Os problemas surgem quando têm de lidar com pessoas.

Quando recebem uma equipe para coordenar, começam a se sentir perdidos porque não sabem como lidar com outro ser humano. Esperam que as pessoas simplesmente façam o que deveriam fazer, pois esse é o dever delas. No final, acabam obtendo resultados fracos.

Como os individualistas passaram a vida negando seus sentimentos, esperam que os outros façam o mesmo. Quando alguém expõe suas emoções, eles não sabem como agir porque organizaram a vida de modo a não ter de lidar com os sentimentos alheios.

No amor, evitam o comprometimento. Não querem se sentir ligados aos outros. Criaram a idéia de que o outro é sinônimo de complicação. Quando começam a se vincular a alguém, sentem-se sufocados, com medo de perder a liberdade. Embora desejem relações profundas, na prática impõem tantos limites, tantas regras rígidas ao relacionamento que acabam não construindo a relação que gostariam. Podem até se casar, mas exageram na individualidade. São casais com finanças separadas, e quando vão jantar fora cada um paga sua conta. São os namorados de muitos anos que moram em casas separadas, que vivem cada um a sua vida. Na verdade, não existe uma relação, e sim duas pessoas juntas enquanto houver interesses comuns.

Os individualistas têm hábitos solitários: gostam de ler, de passar horas na Internet, vão ao cinema sozinhos, adoram as profissões em que precisam viajar e ficar muito tempo isolados.

## O desenvolvimento psicológico desse tipo

Na primeira infância, essa criança desenvolveu o tipo dominador. Aprendeu a cuidar de si mesma porque os pais não o faziam. Na família havia muita briga e confusão. Muita gritaria. Os pais não se entendiam porque o pai era alcoólatra ou porque a mãe explodia facilmente, estava sempre gritando, ou porque era hipocondríaca, ou porque vivia reclamando da vida.

À medida que o grau de tensão dentro de casa aumenta, a criança começa a se desligar do lar. Se pequena, refugia-se no mundo da imaginação. Percebe que a fantasia é mais gostosa que o clima de discussões da família. Se já tem 10, 11 anos, procura ficar mais tempo na escola ou no clube. Mesmo na escola ou no treino com o time, permanece sozinha. Evita vínculos porque se sente muito triste quando as pessoas lhe perguntam sobre sua família. Assim, tenta evitar situações nas quais essas perguntas possam ser feitas.

Aos poucos, torna-se uma pessoa solitária. Quando cresce, procura manter a família distante das coisas dela. Quando namora, faz questão de manter o namorado longe da família. Procura ter sua turma e impedir que o grupo familiar se intrometa.

Seu erro existencial é querer acostumar-se à solidão. Durante toda a vida, faz um esforço enorme para manter os outros a distância. E procura adaptar-se a esse estilo de vida, pois tem medo de depender das pessoas. Acredita que, se depender delas, será abandonada no momento em que precisar.

## Saídas para o crescimento

O individualista é, certamente, o tipo com maior dificuldade de se modificar. Como organiza sua vida de forma que ele mesmo se baste, acaba criando uma estrutura na qual não é alcançado por ninguém. Busca uma profissão em que não dependa dos outros. Seu salário é suficiente para viver, mesmo que ganhe pouco e não tenha cargos de direção.

Ele toca a vida normalmente até chegar aos 40, 45 anos. Nessa fase, muitos entram em crise por se dar conta de que sua vida se tornou árida como um deserto. Descobrem que as flores e as crianças dão trabalho, sim, mas trazem com elas as cores da vida. Quando se arrependem de haver mantido as pessoas longe, vêem-se diante de um enorme desafio. Precisam aprender o básico da vida: telefonar, ir a uma festa, a um jantar. Precisam de muita humildade para iniciar, aos 40 anos, um aprendizado que a maioria das pessoas tem na adolescência. Nesse momento, o individualista enfrenta o grande desafio de sua vida: aprender a amar e a se deixar amar.

## 1- Resgatar os sentimentos

O primeiro passo para mudar é ser capaz de se emocionar com as pequenas coisas do dia-a-dia: com o cartão-postal que um amigo mandou, com a saudade que sente dele, com a palavra carinhosa do colega que trabalha ao lado. Aos poucos, o individualista começa a resgatar suas emoções. Em meio a esse processo, passa a ser uma pessoa muito crítica, dura, pois sente medo de perder o controle sobre sua vida e de começar a necessitar dos outros.

É comum o individualista esconder toda a dor da infância debaixo da agressividade. Sua máscara de força, no entanto, impede que alguém penetre em sua vida para ajudálo a cuidar das antigas feridas.

Quando começa a chorar, vem o alívio por liberar seus sentimentos, mas vem também a vergonha de se mostrar frágil aos amigos. Essa ambivalência persiste até que ele descubra a grandeza de se revelar por inteiro a alguém.

Para que prossiga em seu caminho de transformação, é importante que as pessoas próximas lhe transmitam amizade e confiança

Quando se derreter o gelo que envolve seu coração, ele

descobrirá que ainda é capaz de se emocionar com os pequenos acontecimentos que alimentam a alma.

## 2- Vincular-se

O segundo ponto importante na transformação do individualista é começar a vincular-se aos outros. Telefonar para as pessoas para contar as novidades, convidá-las a ir até sua casa. Estabelecer elos, enfim, e compartilhar a vida é um ótimo passo.

Quando se aprende a curtir o prazer da amizade, de um grande amor, de um grupo de companheiros da empresa, a percepção da vida muda totalmente.

Como o individualista tem em mente apenas o padrão complicado de família que viveu na infância, é importante para ele criar outras referências. Ir a um parque e constatar que existem famílias felizes que se curtem, olhar casais de idosos namorando ou pais brincando com os filhos é uma forma de fazer isso.

Depois de observar por algumas vezes pessoas como essas, a mente do individualista começa a aceitar novas referências. Elas mudarão sua idéia de que pessoas só trazem problemas — afinal, são exatamente as pessoas que criam a felicidade plena.

Um significativo sinal de mudança do individualista é passar a convidar as pessoas para visitar sua casa, conhecer sua família. Abrir a porta de casa sinaliza que o coração está se abrindo. A muralha do castelo foi destruída.

## 3- Aprender a pedir desculpas

Quando os individualistas começam a se vincular, ainda não aprenderam a respeitar os sentimentos alheios, por isso é natural que machuquem um pouco os outros. Em geral, nem percebem que magoaram. Quando percebem, acreditam que a culpa foi do outro, e não deles.

Assim, é preciso que limpem o lixo emocional que lançaram sobre o outro, aprendendo a pedir desculpas.

Pedir desculpas não é suficiente, pois a dor já foi causada. Entretanto, é aí que se inicia o respeito pelo sentimento alheio.

Leia esta história enviada pela Internet:

Quando o menino mais uma vez brigou com seu irmão, o pai procurou-o e lhe disse:

"Aqui estão um martelo e uma caixa de pregos. Cada vez que estourar com alguém, quero que ponha um prego em uma das madeiras da cerca até conseguir ficar um dia sem estourar com ninguém".

O menino assim fez. Cada vez que explodia com alguém, ia até a cerca e lá martelava um prego, até que conseguiu ficar um dia sem explodir. O pai, então, pediu que ele se controlasse durante uma semana, e o menino trabalhou com disciplina e atenção até conseguir a façanha.

"Vá até a cerca, retire os pregos e me diga como ficou a madeira", solicitou o pai.

O menino fez isso e voltou chateado:

"Pai, a madeira ficou toda esburacada!"

O pai então explicou:

"Se enterrar um punhal no coração de uma pessoa, mesmo que o retire e peça desculpas, o buraco vai sempre estar lá. A dor que você provocou ficará para sempre no coração de quem você machucou".

Pedir desculpas, claro, é o primeiro passo, mas é apenas o começo da caminhada rumo ao aprendizado do respeito ao outro. O ideal é ter consciência dos efeitos de sua ação antes mesmo de praticá-la, para poder então decidir se ela é positiva ou não.

## 4- Abandonar o castelo

Vínculos são relacionamentos profundos, é preciso começar aos poucos. Uma idéia é partir da ampliação do contato com as pessoas.

Muitas mulheres ainda afirmam que há poucos homens disponíveis. Mas, se elas ficam trancadas em casa, dificilmente encontrarão alguém interessante. É hora de sair de casa e conhecer pessoas novas. No início, tudo pode parecer sem graça, pois o medo do novo sempre atrapalha o prazer do conhecimento. Além do mais, existe a rotina: você já se acostumou com o seu apartamento, com a sua televisão, com o seu computador, com a sua solidão...

É preciso ter a humildade de convidar um colega de trabalho para ir a um show, aceitar o convite para uma festa que não parece muito interessante, arejar a mente e começar a conversar. Nada como aprender a falar "abobrinhas", dar risada sem censura, contar uma história ou uma anedota. Até que estar com pessoas novas se torne algo simples.

É fundamental começar a participar de associações, das festas da família, a sair com amigos, ir a uma academia, criar situações em que exista a oportunidade de conhecer gente nova.

O individualista coloca uma grande barreira de proteção em torno do seu espaço, e abrir a vida para entrar em contato com pessoas diferentes é uma forma de diminuir esse espaço protetor — é permitir que os outros participem de sua intimidade.

## Entender de gente

"O verdadeiro valor de um homem não
pode ser encontrado nele mesmo, mas nas cores
e texturas que faz surgir nos outros."

*Albert Schweitzer*

Agora que você conhece os caminhos de libertação dos mecanismos que tornam as pessoas dependentes, vamos conversar sobre o outro.

Como podemos tocar de verdade o coração das pessoas?

O filósofo francês Jean-Paul Sartre disse: "O inferno são os outros". Na verdade, o outro é a porta do nosso inferno ou do nosso paraíso. Ele não nos conduz a nenhum lugar, simplesmente nos revela nossa capacidade de amar. Ninguém pode fazer você se sentir bem ou mal. As pessoas apenas mostram o que existe dentro de você.

Por isso o mesmo evento desperta reações tão diferentes nas pessoas. Para um jogador, uma final de campeonato é a oportunidade de mostrar todo o seu potencial. Para outro, é um pesadelo tão grande que desmaia de nervosismo.

Quem não conhece a alma do outro será vítima de mal-entendidos. Como não conhece de verdade quem lhe está bem próximo, procura fazer o que gostaria que fizessem a ele. E o outro se sente desrespeitado.

São pais que, por se preocupar com os filhos, querem intrometer-se em suas decisões e no fim se vêem rejeitados.

Chefes que solicitam projetos e acabam recebendo um trabalho que nada tem a ver com o que pediram.

Maridos que presenteiam as esposas com CDs de que eles próprios gostam.

Pessoas que falam B e as outras entendem A.

Esses desencontros me fazem lembrar uma conversa que tive na Índia sobre o motivo de as pessoas se magoarem tanto quando amam. Um mestre disse que elas se magoam porque são ignorantes. Não conhecem a alma do outro, não conhecem suas motivações, seus anseios. São ignorantes do outro. No momento em que as pessoas se conhecerem mais, irão parar de se magoar.

Ele está totalmente certo. A ignorância faz com que o amor se torne uma arma perigosa.

Quem conhece o outro sabe de seus anseios, respeita seu jeito de pensar e de agir e tem a sensibilidade de falar de modo a tocar seu coração.

No meu tempo de terapeuta, tive uma supervisora muito especial, a americana Jacque Schiff. Um dia, conversávamos sobre a terapia que eu fazia com um rapaz que vivia uma situação muito estranha e delicada. Tão estranha e delicada que eu já começava a deixar de tocar no assunto com ele. Jacque, então, me perguntou o que eu pensava fazer. Respondi que deixaria a questão de lado, uma vez que ele nunca aceitaria qualquer coisa que eu dissesse a respeito. Ela me respondeu com sua habitual firmeza: "Roberto, você pode falar sobre qualquer assunto com qualquer pessoa desde que encontre a maneira certa, o momento certo e o local certo".

Tocar a alma de alguém só é possível quando conhecemos profundamente o outro.

## Olhar para o próximo

O outro, o próximo, a pessoa que divide a vida com você é a porta da sua felicidade. Saber tocar o coração do outro é a única forma de verdadeiramente entrar no paraíso.

Quantos sonhos são desperdiçados porque as pessoas não conseguem se comunicar, se entender, se ouvir, se olhar? É impressionante o número de empresários e executivos que têm funcionários e colaboradores maravilhosos, mas não atingem suas metas porque não dizem as palavras que a equipe precisava ouvir e não conhecem suas idéias e motivações.

Quantos técnicos esportivos com times sensacionais deixam de alcançar a vitória? E quantos, com equipes limitadas, fazem o time sintonizar, se valorizar, se inspirar e conseguem milagres?

Às vezes, o mais triste é ver pais que amam muito os filhos e não podem ajudá-los a se transformar em adultos seguros de si. É desolador notar como casais apaixonados convertem o amor em um relacionamento destrutivo. Começam um namoro bonito e, um ano depois, estão enredados numa relação que se transformou em fonte de neurose, angústia e insegurança.

A empresa, por vezes, para valorizar o funcionário, oferece-lhe uma viagem ao exterior. Mas ele não sabe falar inglês, não gosta de viajar, tem medo de avião, e aquele presente se transforma num inferno. Se alguém tivesse conversado com ele, talvez tivesse descoberto que ficaria mais feliz com uma semana de férias ao lado da família. Essa recompensa, então, seria vista como um ato de amor.

Provavelmente o maior desafio do mundo atual é o relacionamento interpessoal. Agora só se fala em Internet, no mundo das vendas e dos negócios pela rede mundial. Nós nos esquecemos, no entanto, de que do outro lado, na frente do computador, existe um ser humano com sentimentos, motivações, inseguranças e fantasias. Esse mundo virtual exige que entendamos muito mais de pessoas.

Mesmo que não encaremos os clientes, mesmo que não entrem fisicamente em nossa loja para comprar um livro, um CD ou algumas roupas, continuam a nos cobrar como se estivessem de corpo e alma em nossa frente. Quando falamos em tecnologia, devemos entender que isso, cada vez mais, nos põe em contato com as pessoas, ainda que elas estejam sentadas do outro lado do computador.

## Fugir do outro não funciona

Quando a vida de alguém não vai bem, sua tendência é isolar-se para evitar o sofrimento.

Quando o chefe não consegue fazer a equipe envolver-se com o projeto, sua tendência será se sobrecarregar, levar um monte de tarefas para casa, continuar trabalhando até uma hora da manhã e acordar às quatro para terminar o que faltou. A princípio os resultados melhoram, mas, aos poucos, seu rendimento começa a cair em razão do cansaço.

Quando o pai percebe que o diálogo com o filho não está funcionando, sua tendência é se distanciar dele, abatido pelo desânimo. Logo após essa decisão, pode sentir alívio por não ver que o garoto não estuda ou usa drogas. Mas até quando será capaz de sustentar essa situação? O amor pelo filho vai matá-lo de saudade e depois de culpa por saber que não está ajudando um ser tão amado. O pior é que, passados seis ou sete meses, o problema se agravará.

Muitos sofrem com seu relacionamento amoroso. Depois de algumas decepções, tendem a se isolar e a adotar uma postura cética em relação ao amor. Preferem ficar em casa no sábado à noite, assistindo a um filme. Passam todos os fins de semana sozinhos. Nunca aceitam o convite de um colega para sair. No início, sentem-se aliviados, pois acham melhor evitar problemas do que sair em busca do amor. Mas, depois de algum tempo, a solidão começa a apertar o coração.

Desistir de amar e ficar só é uma viagem que dificilmente dá certo. Anos mais tarde, a pessoa reconhece que a solidão está criando um indivíduo amargurado, ressentido, que só sabe criticar os outros e ver defeitos em todo mundo. Alguém cuja alma se encolhe por não receber carinho.

Não há saída: é preciso ir contra a tentação de buscar a solidão como forma de resolver as dificuldades de lidar com o outro. A energia do amor é que nos leva à evolução. Sem amor, o ser humano murcha e seca como uma flor esquecida dentro da gaveta.

## Tocar o coração das pessoas

Como o mundo dos internautas está crescendo infinitamente, gostaria de usar uma metáfora para falar da alma humana.

Cada pessoa tem um botão que liga e desliga seu coração. Sei que é inadequado e um pouco superficial comparar pessoas com máquinas, como se fossem computadores ou fornos de microondas, mas o exemplo pode servir como referência neste mundo de alta tecnologia.

O coração de uma pessoa recebe os estímulos do outro, elabora sentimentos e percepções e deixa essa relação avançar ou a bloqueia. Resumindo: isso funciona como um botão que liga e desliga o afeto por alguém.

As pessoas especiais sabem tocar o coração do outro de uma forma que abre a comunicação, enquanto as pessoas frias, ao tocar o coração do outro, simplesmente apagam a chama do encontro.

Quando o pai frio e crítico diz ao filho que foi mal na escola "eu me mato de trabalhar e você tira essas notas ridículas, seu burro!", está apertando o botão que desliga a motivação do filho.

O pai que, pelo contrário, consegue tocar o coração do filho diz algo como: "Filho, você é um campeão. Não tem lógica nenhuma tirar essas notas. Vamos ver o que está acontecendo. Quero ver você brilhar".

Esse pai está ligando o botão que estimula a motivação do garoto.

Os donos do futuro são aqueles que apertam o botão que liga as pessoas a seus sonhos. Cada momento pede um jeito de apertar. Às vezes, o toque deve ser firme para acordar, para lembrar a pessoa de seu potencial. Outras vezes deve ser doce para despertar sua sensibilidade e fazer com que olhe o dia ensolarado lá fora e saia para viver a vida.

Há momentos em que o botão precisa ser pressionado com delicadeza: "Vamos conversar, sei que você deve estar passando por algum problema".

Há ocasiões em que falar com muita sensibilidade desliga o coração do outro. Como o pai que diz ao filho relaxado nos estudos: "Tudo bem, eu te amo do jeito que você é..."

O pai pressionou o botão do amor incondicional, quando o filho precisava de um estímulo para mudar.

Infelizmente, as faculdades nada ensinam sobre essas sutilezas do ser humano. Não mostram como tocar o botão do coração das pessoas. Os currículos ignoram que a habilidade de compreender também é uma capacitação importante para o crescimento de um profissional.

Os engenheiros aprendem a fazer cálculos perfeitos na faculdade. Ao deixar o mundo acadêmico, sua carreira evolui bem até lhes entregarem uma equipe para liderar. Aí começam as dores de cabeça. Os engenheiros ficam bravos porque as pessoas não seguem os regulamentos. Pensam, coitados, que um regulamento pode motivar a equipe.

A maior parte das escolas de Medicina ensina como funcionam o coração, o estômago, o que são cardiopatias, gastrites. Mas não fala sobre o ser humano nem sobre a maneira de tocar seu coração. Não mostra aos médicos, por exemplo, como fazer o paciente acreditar em suas palavras e seguir sua orientação para se recuperar.

O médico que conseguir transcender a cultura de informações técnicas adquirida na faculdade e tocar o coração do paciente fará milagres.

O engenheiro que sensibilizar sua equipe vai parar de lembrar os regulamentos da empresa porque todos terão prazer em realizar sua vocação. Ele tocará a alma das pessoas fazendo-as sentir-se importantes e criando um verdadeiro clima de participação.

## Conhecer o próximo

Talvez você esteja se perguntando: como tocar o coração das pessoas?

As escolas ministram cada vez mais todo tipo de curso, como Informática, Administração de Empresas, Matemática, História, Biologia. Mas só recentemente as pessoas se deram conta de que, sem a compreensão da alma humana, todo conhecimento perde a força de transformação.

Existem detalhes tão simples, e por isso tão menosprezados, como estes:

Para ser amigo de seu filho, é muito melhor ouvir do que falar.

Para ajudar seu funcionário a aprender, é melhor perguntar do que ensinar.

As pessoas são muito especiais. Embora cada uma tenha a sua história e os seus sonhos, existem pontos em comum que podem servir de referência para essa maravilhosa caminhada em direção à alma do outro.

Essas idéias sobre o próximo são somente placas indicativas do caminho. São simples orientações, não a caminhada. Você terá de explorar o percurso, desvendar os mistérios, descobrir que as pessoas são únicas e que, com cada uma, deve ter uma sensibilidade diferente.

Venha, vamos juntos por essa estrada na descoberta das pessoas...

## Gente necessita de tempo

Adoro o Eclesiastes porque guarda uma sabedoria infinita. Lá está escrito: "Há um tempo para plantar e outro para colher".

A colheita não se dá no dia seguinte. Como as plantas, as pessoas necessitam de tempo para germinar, crescer e dar frutos. É impressionante como a maioria dos líderes quer colher pessoas de um dia para outro.

O imediatismo do mundo moderno transformou a vida numa corrida de cem metros rasos sem barreira. Certamente é preciso ser muito veloz para acompanhar as mudanças, mas imaginar que dizer algo à equipe a fará imediatamente absorver a informação é ingenuidade.

Muita gente deseja implantar a velocidade da informática nos relacionamentos, acreditando que as pessoas podem reagir como computadores programados.

O ser humano precisa de tempo para absorver novas

informações e elaborá-las, para então mudar sua maneira de ver as coisas e, posteriormente, sua conduta. Está mais para o ritmo da agricultura que para o da informática.

Se um especialista em informática fosse para o campo plantar, ficaria frustrado. Hoje semearia e amanhã já iria querer colher. Perguntaria, inconformado: "Cadê o milho? Cadê a cenoura? Cadê a laranja?" Se a terra pudesse falar, diria: "Você não pertence a este ramo, não é? Aqui, para as coisas acontecerem, leva certo tempo".

O bom líder é o semeador experiente. Sabe que no campo é preciso arar, enterrar as sementes na medida certa, remover as ervas daninhas e adubar para depois fazer a colheita. Como as plantas, as pessoas não podem ser atropeladas pela pressa.

Por isso o verdadeiro líder não desanima mesmo que alguém da equipe pareça não captar sua orientação. Se conseguir mesmo tocar o coração das pessoas, um belo dia perceberá que tudo o que disse começa a fazer sentido para os colaboradores. As informações ficaram fermentando no interior de cada um e depois afloraram. Cada pessoa tem seu ritmo.

Quantas vezes os pais explicam aos filhos a importância de usar as palavras mágicas *por favor* e *obrigado*? Falam sobre isso durante anos e parece que seus conselhos batem nas paredes da casa. Nada. Até que um dia as sementes começam a germinar.

O ser humano parece um bambu que há na China: durante os primeiros vinte anos, ele cresce alguns poucos centímetros para, nos dois anos seguintes, atingir mais de vinte metros.

## Gente quer autonomia

Ser pai ou mãe é a arte de se tornar desnecessário. Quando os pais estão no caminho certo, os filhos experimentam o real significado da palavra liberdade e saberão encontrar o próprio caminho na vida. O amor produz a liberdade.

Existe um provérbio judaico que diz: "Dê aos filhos raízes, mais tarde asas". Nada mais certo. Cuidar exageradamente daqueles que amamos cria pessoas sem forças para realizar seus projetos.

Você quer ajudar seus filhos? Pare de ajudar.

Resolver os problemas no lugar deles é tirar sua oportunidade de aprendizagem e de crescimento. Os problemas que precisamos enfrentar são, na verdade, aulas que pedimos à vida para poder evoluir.

Certo dia, dei uma palestra em um grande shopping center. Depois os empresários me convidaram para almoçar. No meio da conversa, um deles me puxou de lado e perguntou: "Escute, Roberto, por que nossos filhos não são guerreiros como nós fomos? Por que nós, que começamos de baixo, trabalhamos e conquistamos uma situação melhor, estamos criando filhos fracos?"

"O grande problema", respondi, "é que vocês sofreram tanto que querem agora poupar seus filhos dos problemas que tiveram. Querem tanto ajudar os filhos que tiram deles a chance de crescer e aprender. Vocês estão anestesiando a confiança deles, pois a auto-estima se cria com vitórias."

A força interior se desenvolve com a superação de desafios e dificuldades. O que eles sabem de vitórias? Pensam que o dinheiro cai do céu! Parecem a criança que, quando o pai diz que não tem dinheiro para comprar um brinquedo, retruca, com ar esperto: "Então me dá um cheque..."

Não adianta aninhar os filhos, porque a vida não vai aninhá-los.

No clube, o técnico do time de seu filho não está interessado em saber se o pai dele é rico. Vai escalar quem achar que é o melhor, e pronto.

Na escola de balé, a professora não vai oferecer o papel principal à sua filha só para não magoá-la. Selecionará a aluna que dança melhor — que, inclusive, pode ser sua filha.

Se você pedir à diretoria para privilegiar seu menino ou sua menina, não será um bom pai ou uma boa mãe. Impedirá seu filho de aprender a lidar com situações em que é preterido ou em que precisa se esforçar para conquistar um lugar.

O menino, por exemplo, deve entender que, para ser titular do time, terá de aprimorar a forma física e melhorar a técnica. Se entrar no time porque o pai interferiu, não se sentirá à vontade no grupo nem terá orgulho de si próprio. E os colegas do time vão rejeitá-lo.

Os pais não devem resolver os problemas para os filhos, e sim auxiliá-los a desenvolver o potencial para enfrentar os momentos desfavoráveis. É necessário sempre orientá-los e apoiá-los para que aprendam a confiar em si próprios, mas com a consciência de que, se for importante para eles patinar para se desenvolver, que patinem.

Se não ajudarem os filhos a cultivar a autonomia na infância, os pais não poderão esperar que eles mudem de atitude e comportamento quando forem adultos.

As pessoas só crescem se aprendem a conquistar o que

desejam, e não se ganham de presente o que querem. Lutando para conseguir o que desejam, saberão mergulhar num processo de mudança quando os resultados se mostrarem fracos. Melhor: terão plena consciência disso. Saberão agir da maneira adequada tanto interna quanto externamente.

Enfrentar a dor do aprendizado é o primeiro passo para o relacionamento verdadeiro. Quando a toda hora os pais interferem nos acontecimentos e solucionam problemas para os filhos, estes não assumem as conseqüências de seus atos. Todas as atitudes provocam uma conseqüência, e é ela que nos orienta a respeito de que comportamentos manter e quais eliminar.

Isso normalmente se aprende na infância, quando os pais deixam o filho se relacionar livremente com as demais crianças. Por incrível que pareça, a maioria dos pais constata, com tristeza, que o filho que tanto paparicaram é que apresenta maiores dificuldades na vida adulta.

Amar não é mimar.

Os relacionamentos construtivos ocorrem apenas com pessoas autônomas. Viver a dois é um presente para quem sabe voar com as próprias asas. Quando alguém não tem asas para voar, o outro pode carregá-lo por algum tempo. Mas, um dia, estará exausto, e os dois desistirão de voar. Abandonarão os céus, as paisagens, os sonhos.

Uma sociedade empresarial é maravilhosa quando duas pessoas competentes juntam forças em busca de objetivos comuns, conservando, porém, a autonomia. Um casamento é perfeito se cada cônjuge se mostra capaz de administrar sua vida e seus sonhos na mesma direção, vivendo o prazer da união e crescendo por igual.

Se não for assim, houve algum curto-circuito. Caso a pessoa esteja passiva, é sinal de que vem perdendo a energia vital e a coragem de enfrentar as transformações para crescer.

Será que ficou claro?

Se sua filha quer um espaço próprio, é sinal de que ela é saudável.

Se seu cônjuge quer tempo para se ocupar mais das coisas dele, é sinal de que a chama da vida ainda pulsa em seu coração.

Quando seu funcionário pede mais desafios, é sinal de que vale o salário que recebe.

O verdadeiro líder colabora para que sua equipe caminhe com as próprias pernas, estimula sempre as pessoas a seguir crescendo, pois tem claro que quem se acomoda está perdendo o suco da vida. Ele às vezes será duro: cortará a mesada do filho, discutirá as metas que não estão sendo cumpridas... Sabe que é durante a batalha que se forma o guerreiro.

## Gente tem sonhos próprios

"Somente a pessoa que crê em
si mesma é capaz de crer nos outros."

*Erich Fromm*

Cada indivíduo tem um sonho que deseja realizar.

Por vezes, as pessoas passam por crises tão grandes que ficam preocupadas apenas em conseguir o que precisam para sobreviver. Mas o sonho permanece em seu coração. Latente, mas vivo. À espera de ser novamente despertado.

Muitos não têm coragem de admitir seus sonhos. As

derrotas os fizeram sufocá-los. Por trás do ceticismo, contudo, continuam acreditando neles. Todos têm sonhos adormecidos, sonhos da juventude, sonhos da família. Uma das funções mais importantes de um líder é despertar a consciência do sonho adormecido na equipe.

Quando o reverendo Martin Luther King fez o seu hoje lendário discurso "Eu tive um sonho", motivou o povo negro dos Estados Unidos a trabalhar por um movimento que permitisse que todos realizassem seus sonhos. Até então, os brancos pensavam que somente eles tinham direito de sonhar e que os negros não podiam ser mais que simples mão-de-obra.

Essas quatro palavras — "Eu tive um sonho" — serviram de alavanca para o gigantesco movimento pelos direitos civis dos negros americanos, que revolucionou os Estados Unidos.

Quanto mais os sonhos estiverem claros na cabeça das pessoas, quanto mais elas souberem o que querem da vida, mais agirão com determinação e confiança. O verdadeiro comprometimento se dá quando o indivíduo sente que o trabalho o ajudará a realizar seu sonho.

Quando estudei Administração de Empresas no Japão, passei um fim de semana num *riokan*, hotel típico japonês. Eu mal falava algumas frases do idioma e o pessoal do *riokan* nada falava de inglês. Português, nem pensar. Mas foi, disparado, o melhor fim de semana da minha vida em um hotel. Nunca me senti tão bem cuidado, tão bem tratado.

Na hora de fechar a conta para voltar a Tóquio, o gerente me dirigiu um agradecimento que não compreendi — não era o clássico "arigatô". Perguntei-lhe o que dissera.

Após quinze minutos de muita mímica e tradução multimídia, compreendi suas palavras. Ele dissera: "Obrigado, Roberto-San, por me ajudar a cuidar dos meus filhos". Ele tinha um sonho claro, que era cuidar bem da família. Por isso colocava toda a força desse sonho em seu trabalho. O cargo de gerente não representava um salário, mas o modo de realizar seu sonho.

Deixe-me perguntar com franqueza: suponhamos que você trabalhe numa loja. Se um freguês chegasse às 18h30, você o atenderia com alegria porque ele o estaria ajudando a realizar seu sonho? Ou ficaria aborrecido por ter aparecido bem na hora de fechar e você queria ir embora?

Se você trabalha numa empresa, ao receber o salário no fim do mês pensaria: "Obrigado por ajudar-me a cuidar de minha família"? Ou diria com seus botões: "Trabalhei, tenho que receber mesmo"?

E você, empresário? Se sua equipe varou a noite ou o fim de semana para preparar um projeto, você tem a gratidão de lhe dizer: "Obrigado por me ajudarem a realizar meu sonho"? Ou simplesmente sacudiria os ombros pensando: "Estou pagando, têm mais é que trabalhar"?

Que ninguém se iluda. Quando as pessoas têm claros os sonhos, o sacrifício do dia-a-dia torna-se mais leve, pois não trabalham apenas para sobreviver. Lutam por algo que traz mais sentido à vida.

Infelizmente, a maioria das pessoas ainda pensa no outro como um veículo para ajudá-las a realizar seu sonho. Esse egoísmo gera conseqüências desmotivadoras.

Em um restaurante fraco, os garçons pensam somente em extrair o máximo de dinheiro de você, não se preocupam em realizar o sonho deles. Um decorador egoísta vai decorar a sua casa pensando na casa que ele próprio gostaria de ter ou na casa que imagina que uma revista se interessaria em publicar. Para ele, você não passa de um mero detalhe do projeto.

Lembre-se: a melhor maneira de realizar seus sonhos é ajudar o maior número possível de pessoas a realizar os delas.

Escreva em seu cartão de visita: assistente de realizadores de sonhos.

Descubra qual é o sonho do seu filho, do seu funcionário, do seu cliente, do seu chefe e ajude-os a realizá-lo. Por incrível que pareça, essa disposição lhe trará muito dinheiro e felicidade.

## Gente adora vitórias

Há chefes que estão sempre apontando os defeitos da equipe. Pensam que mostrar os erros servirá para que o grupo não se acomode. Em vez de motivar a equipe, tornam-se chatos. Ninguém gosta de estar em contato com seus problemas 24 horas por dia. Gente adora o prazer de conquistar.

Perder faz parte da vida, e nós precisamos aceitar as derrotas inevitáveis. O mais importante é aprender as lições que elas trazem. As derrotas somente têm significado quando com elas adquirimos a consciência de que algo poderá ser melhorado. Se não for assim, nos acostumaremos a elas e perderemos a auto-estima.

Mas ganhar é melhor que perder. A importância da vitória, contudo, não se encontra tão-somente na satisfação da conquista. Talvez sua maior virtude seja insuflar autoconfiança. Sentimo-nos fortes para dizer: "Prepare-se, mundo, lá vou eu!"

Observe uma criança entretida com um brinquedo. Mexe aqui, experimenta ali e de repente faz o brinquedo funcionar. O prazer de conseguir algo que se propunha é visível. Certamente um dos momentos mais emocionantes da vida de um ser humano é contemplar o rosto iluminado de uma criança que aprende a andar. Levanta, cai, cai, levanta. Quando ensaia os primeiros passos, parece prestes a alçar vôo. Ela se sente digna de viver.

Todos adoram vitórias e ficam eternamente gratos a quem os ajuda a conquistá-las, pois sua auto-estima aumenta demais, o que lhes traz felicidade.

Muito se tem falado e escrito sobre auto-estima, mas o fato é que apenas as vitórias podem alimentá-la. Uma das tarefas mais difíceis é manter elevada a auto-estima de uma equipe que só perde, porque seus membros se sentem desmoralizados com as sucessivas derrotas.

O verdadeiro líder sabe mostrar o futuro à equipe de modo que deixe as derrotas no passado e comece a investir na próxima partida. Ele sabe motivar — dar motivo, dar razão para lutar.

Mas será que motivação é o suficiente? Eu diria que não. Motivação sem competência é uma caixa vazia. Não serve para nada. De que adianta um gerente de vendas fazer a equipe vibrar, vestir a camisa, se falta ao grupo competência para vender? Se não tem capacidade para reconhecer as necessidades dos clientes? Resultado: todo mundo se mobiliza com muito entusiasmo, mas na hora de tirar o pedido nada acontece.

Essa é uma questão aguda nos esportes. De nada adianta um técnico motivar seu nadador, por exemplo, se o atleta não sabe maximizar seu talento, não tem capacidade de fazer uma virada e dar as braçadas adequadas.

Ajude as pessoas a construir suas vitórias não somente com palavras motivadoras, mas principalmente com orientações seguras — elas terão prazer em lutar a seu lado.

## Gente adora sonhos grandes

> "Uma coisa só é impossível até que alguém duvida e acaba provando o contrário."
>
> *Albert Einstein*

Sonhos pequenos cansam. Sonhos grandes motivam.

Sonhos pequenos não criam a vontade de levantar mais cedo da cama para fazer um sacrifício. Sonhos grandes dão energia para que a pessoa nem vá dormir.

Sonhos pequenos não contagiam ninguém. Sonhos grandes mobilizam o universo.

Sonhos pequenos criam um monte de empecilhos. Sonhos grandes produzem milagres.

É impressionante a quantidade de empresários que vivem na marca do pênalti porque não percebem que programaram o cérebro para um objetivo pequeno. Sempre chegam ao fim do mês com pouco dinheiro. Sua maior aspiração é poder entrar no mês seguinte. O objetivo é apenas sobreviver.

Eles não se dão conta de que os problemas começaram exatamente por causa dessa visão pequena da vida. Enquanto bancam os equilibristas na corda bamba, desmotivam não só a si próprios mas à sua equipe. Todos vivem em sobressalto. Não há entusiasmo que resista.

As pessoas adoram sonhos grandes. Gostam de pensar grande. Sonhos grandes estimulam a vontade de estudar, de crescer e de se aperfeiçoar. Uma das sensações mais gostosas que existem é saber que estamos nos sacrificando para construir algo que vale a pena.

Pais perdedores ensinam os filhos a ser perdedores. Às vezes, um filho procura o pai e pede dinheiro para fazer um curso de Informática. O pai, desanimado, responde: "Filho, isso não é para nós..." O pai campeão aproveita a motivação do filho para lhe conseguir uma bolsa de estudo ou para procurar alguém que se disponha a ensiná-lo. Pais campeões são os que ajudam os filhos a acreditar na capacidade de realizar o impossível.

Nós somos do tamanho dos nossos sonhos. Quem tem sonhos grandes acha que no mundo não há porteiras. Quem tem sonhos pequenos vê o mundo do tamanho de um quarto-e-sala. Enquanto você aspirar apenas ao dinheiro do aluguel, será um sacrifício acordar uma hora mais cedo para trabalhar. Se sonhar, porém, com uma casa própria para abrigar melhor a família, terá prazer em enfrentar obstáculos e desafios. O sol o encontrará já de pé.

Observe os campeões: eles exibem uma força interior capaz de superar todos os problemas. O nadador campeão Gustavo Borges diz o seguinte: "Somente um sonho grande nos motiva a acordar todos os dias às cinco da manhã para mergulhar numa piscina".

Quando seu funcionário estiver desanimado, chame-o e converse a respeito dos sonhos dele. Ajude-o a criar sonhos que valham a pena. Ajude-o a pensar grande. Quando ele acreditar em sua força aumentará o tamanho dos seus objetivos, e essa fé lhe dará energia para criar milagres.

Napoleão dizia que a palavra impossível só existe no dicionário dos derrotados. Não considere nada impossível quando se tratar dos próprios sonhos.

Lembre-se: os sonhos que valem a pena são os que, para ser realizados, motivam o crescimento pessoal. Um sonho grande nos atrai porque nos faz crescer.

Muitas vezes as pessoas me perguntam se não ficarão frustradas se tiverem sonhos grandes, mas não a possibilidade de realizá-los.

Muita gente sonhou e não realizou. Mas todos que realizaram seus sonhos foram aqueles que ousaram sonhar. É verdade, quem não realizou o sonho fica frustrado. Mas a força desse sonho lhe inspirará novos vôos.

Certa vez, assisti a uma entrevista do guitarrista Eric Clapton na BBC de Londres. O entrevistador perguntou como ele se sentia no começo da carreira, quando os jovens pichavam os muros das cidades com a frase "Clapton é Deus". Ele respondeu que ficava sem graça, pois sabia que não era o melhor guitarrista do mundo, existiam outros melhores, mas não podia procurar os jovens ingleses e dizer-lhes que ele não era Deus nem o melhor guitarrista do mundo. E completou: "Mas algo tenho de confessar: eu sempre trabalhei para ser o melhor guitarrista do mundo". Na verdade, seria temerário apontar o melhor guitarrista do planeta. Mas quando falamos dos melhores sem dúvida Eric Clapton está entre eles.

Fernando Pessoa, com sua inspiração inigualável, sintetiza a alma dos sonhos grandes:

*Ó mar salgado, quanto do teu sal*
*São lágrimas de Portugal!*
*Por te cruzarmos, quantas mães choraram,*
*Quantos filhos em vão rezaram!*
*Quantas noivas ficaram por casar*
*Para que fosses nosso, ó mar!*

*Valeu a pena? Tudo vale a pena*
*Se a alma não é pequena.*

## Gente quer sempre mais

Quem disse que o céu é o limite?

Em 1906, a bordo do 14-Bis, Santos Dumont mostrou ao homem que era possível voar. Em 1969, a Apolo XI levou o homem à Lua. Agora o alvo é Marte. Depois, Vênus. Mais tarde, as galáxias, uma atrás da outra. É a busca eterna da superação.

O ser humano está sempre querendo mais. É a nossa maneira de ser. Repare numa pessoa em ascensão profissional. Primeiro, luta para realizar o sonho de comprar um carro popular usado. Quando consegue, parte para um carro popular zero-quilômetro. O passo seguinte é adquirir um automóvel mais elegante e valioso.

O ser humano tem o desejo da vida. Sempre busca evoluir, sempre quer algo melhor. Por isso é essencial que sua família ou a empresa onde você trabalha também tenham essa inquietação. O perigo é um dos lados estacionar. A tendência será puxar o outro para baixo.

Se o marido deixar de progredir, poderá ficar incomodado com o crescimento da mulher. Ela viverá um grande conflito: de um lado, o inevitável desejo de crescer, de outro, o amor pelo companheiro. Ela vai se transformar numa espécie de prisioneira dessa contradição.

O mesmo ocorre quando uma empresa contrata um rapaz promissor. Contrata-o como *office-boy* ou auxiliar de escritório. À medida que ele domina aquela função, sente vontade de avançar. Se a empresa não lhe der espaço, ficará aborrecido por ter de sufocar o impulso interior de ir adiante.

Invariavelmente, essa situação acaba em rota de colisão. O cônjuge que não quer estacionar cai fora do casamento. O funcionário que se sente de mãos amarradas vai embora.

*Estacionar na vida é uma doença muito grave. Deve ser tratada, para que o enfermo possa resgatar sua força de evolução e deixar de contaminar quem convive com ele.*

Uma das principais funções de um líder é abrir espaço para o crescimento das pessoas. Novamente a família é um bom exemplo. Se o pai for um líder, se desdobrará para ajudar o filho que concluiu a faculdade a fazer especialização no exterior. O pai que reclama de que o filho não sossega inibe a vocação do garoto para desabrochar.

Em cidades do interior carentes de cursos superiores sempre ocorrem dramas dessa natureza. As vítimas, em geral, são as mulheres, pois o pai não permite que a filha estude fora. Quer convencê-la a fazer a faculdade local, se existir uma, mesmo que o curso não corresponda a suas aspirações. O preço dessa imposição, para quem tem talento e potencial, é a frustração.

Os sufocadores de sonhos demonstram um padrão de comportamento: acusam os sonhadores de insaciáveis, de eternos insatisfeitos. Dizem que estão sempre inventando novidades, como se essa busca fosse algo pejorativo.

Não percebem que o apetite pela vida e pelas "novidades" se manifesta justamente nas pessoas em processo de crescimento.

## Gente gosta de ver seus sonhos materializados

O campeão não sossega enquanto não vir seu sonho materializado. Até concluir algo que se propôs fazer, sente-se intensamente incompleto.

Para um campeão, sonhar é o começo. O sonho somente se completa quando se transforma em realidade. O campeão jamais se habitua à derrota. Para ele, a derrota é apenas um degrau para chegar à vitória. Sabe que vencerá na próxima vez.

Durante o tempo que estudei e pratiquei medicina, sempre admirei e me inspirei em médicos que não se conformavam com a morte de seus pacientes. Para eles não existia a palavra impossível. Se perdiam um paciente para uma doença, buscavam informações, pesquisavam novas técnicas ou um novo equipamento para combatê-la melhor da próxima vez.

A cura da Aids não será descoberta por um médico que aceite ser derrotado pela morte. Seu descobridor será um cientista que se comove com o sofrimento do paciente, com a dor da família, que se sente profundamente incomodado com a perda e a não realização do sonho da cura. Transforma-se numa questão pessoal.

Um médico que considere normal a perda de um paciente no fundo está convidando toda a sua equipe e os demais a desistir da cura, a abandonar a luta.

Os atletas de alta performance têm algo em comum. Lutam por seus sonhos na mesma proporção que se incomodam com a derrota. Cada um à sua maneira pensa: "Não sei se minha batalha nos treinos e nos jogos é por gostar tanto da vitória ou por odiar a derrota". Por isso se aplicam com empenho máximo a tudo o que fazem.

## Gente quer se sentir importante

Em *Tempos Modernos,* Charles Chaplin foi profético. Mostrou que estávamos criando um estilo de vida no qual o ser humano não teria mais importância. O mundo moderno vai se tornando tão desumano que a todo instante nos trata como seres insignificantes.

Isso é brutal e totalmente errado, pois ninguém quer ser simplesmente um número a mais na vida do outro. As pessoas são e precisam se sentir importantes. Não estão pedindo nada demais.

No entanto, cada vez mais, os clientes são atendidos por máquinas. Perfilam-se diante delas e recebem ordens de apertar esse ou aquele botão. Só falta precisar bater continência.

Cada vez mais funcionários se transformam em colocadores de solas de sapatos. Passam o dia todo debruçados sobre as solas como aprendizes de robôs.

Talvez você questione se não se trata de um processo natural de evolução da sociedade.

Minha resposta é NÃÃOOO!!!!

As empresas precisam resgatar o sentido da humanidade, convidar as pessoas a se sentir importantes. Infelizmente, muitas delas ainda não fizeram essa descoberta. Tratam o cliente como uma coisa qualquer, sem se dar conta de que provocarão descontentamentos e arrumarão um inimigo. O cliente maltratado soltará um rojão quando a empresa sofrer alguma derrota.

Deixe-me contar uma experiência que tive. Viajo muito. Numa dessas viagens, comprei quatro cartões telefônicos. Na hora que precisei deles, nenhum funcionou. Quando voltei à cidade, fui à agência da empresa telefônica e pedi a troca dos cartões. A moça do atendimento os testou, confirmou o defeito, mas disse que, pelo regulamento, só poderia trocar dois cartões por vez. Insisti, porém ela permaneceu irredutível. Então fiz o seguinte: pedi que trocasse dois, saí da loja, entrei imediatamente de novo, cumprimentei-a e perguntei-lhe se poderia trocar os outros dois cartões. Ela respondeu que desse jeito podia. E trocou.

Essa empresa vai precisar gastar muito dinheiro em campanha institucional para me reconquistar e a outros clientes que tenham enfrentado a mesma situação. Minha experiência mostrou que é uma empresa que não valoriza o cliente, e sim seus regulamentos, os quais, como constatei, são estúpidos.

Muita gente se sente importante quando leva os outros a se sentir insignificantes. É aquele funcionário da repartição que tem visível prazer em anunciar o fim do expediente para saborear a decepção das pessoas que estão na fila. Por orgulho de exercer poder, mesmo que seja uma migalha dele, obriga o outro a voltar no dia seguinte. Não lhe passa pela estreita cabeça que ele mesmo poderia estar do outro lado do balcão e que, se estivesse, certamente gostaria de ser respeitado. Não entende que o tempo da ditadura já acabou. Um cliente insatisfeito escreverá para os jornais e voltará a opinião pública contra a empresa.

Às vezes, um funcionário incompetente atrapalha todo o trabalho de uma equipe. Quando os servidores públicos organizam uma greve justa mas não conseguem comover a população, boa parte da razão disso é que as pessoas ficam pensando que, pelo atendimento que costumam receber, até que eles estão ganhando muito. Tenho acompanhado o trabalho que o setor público vem fazendo para tratar o cliente com respeito, mas enquanto não houver a participação de todos a imagem do atendimento ficará comprometida. Todos devem ajudar o cliente a se sentir importante.

Outro exemplo absurdo dos restos da ditadura na vida moderna são os síndicos de prédios residenciais. Infelizmente, a maioria deles adora jogar o estatuto no rosto dos moradores. Não conseguem entender que os sistemas é que devem servir às pessoas, não o contrário. Confundem organizar com desumanizar!

Todos nós queremos ser importantes e respeitados: os chefes, os funcionários, os clientes. Hoje se observa que as pessoas bem-sucedidas são aquelas que se sentem importantes por ajudar os outros a se sentir importantes.

Líder é aquele que faz cada pessoa da equipe se considerar peça fundamental no trabalho. Quando comanda um time, o massagista, o roupeiro e o fisioterapeuta sentem-se tão cobertos de glória quanto o capitão que ergue a taça.

É um resultado que os donos do futuro vão construindo no dia-a-dia com mãos de jardineiro, como diria Chico Buarque de Hollanda. Transmitem sua confiança e fé às pessoas, acreditam sinceramente no valor da colaboração.

Certa vez, fui conversar com o responsável pelo departamento de mamíferos de um grande jardim zoológico. Quando entrei na sala, ele examinava com minuciosa atenção a ficha médica de um gambá. Quase instalou uma junta médico-veterinária para estudar o caso. O gambá, no conjunto do departamento — que tinha reconhecimento internacional —, era tão importante quanto o majestoso casal de tigres siberianos.

Você acha que Deus criou o plâncton marinho por acaso? Ora, se não existisse plâncton, não existiriam baleias...

A sensação de ser importante para o grupo e para a sociedade move as pessoas. Se não fosse assim, duvido que um policial, recebendo o equivalente a cinco salários mínimos por mês, saísse às ruas para enfrentar marginais, cercar favelas, fazer rondas na escuridão. Qual seria o sentido de enfrentar esses perigos?

E os professores? Vão ensinar alunos, transmitir-lhes fé e confiança por um salário irrisório. Existem médicos que recebem quatro salários mínimos para conviver o dia inteiro com doentes, enfrentando o estresse de cirurgias e esquecendo o passar das horas num consultório de periferia.

O líder que consegue transmitir às pessoas a importância do trabalho delas também consegue que seu desempenho conjunto vá muito além do salário.

O prazer de um líder é ajudar a equipe a cumprir sua meta. É desse modo que se sente importante.

Muitos costumam dizer que a parte ruim do sucesso é a inveja que provoca. Grande engano. As pessoas só o invejarão se sua vitória tiver sabor de derrota para elas. Se suas vitórias levarem as pessoas a obter os próprios triunfos, esteja certo de que torcerão por você, irão aplaudi-lo e comemorar com você.

Quer ter sucesso? Ajude as pessoas a ter sucesso!

Quer ser feliz? Ajude as pessoas a ser felizes!

Simples como o nascer do sol...

## A magia do encontro

Vamos retornar à nossa fórmula do relacionamento, mencionada no começo deste capítulo: eu + tu = eu + tu + nós.

Espero que você tenha revisto seu jeito de ser e, principalmente, a maneira como percebe o outro. Está na hora, agora, de falar sobre o *nós*, sobre o encontro.

O primeiro passo para o verdadeiro encontro é, como já vimos, estar em contato consigo mesmo. O segundo é conhecer o outro.

Contam que uma mulher belíssima, ao entrar na sala em que seu processo de divórcio seria julgado, ouviu do juiz: "Por que a senhora quer se separar do seu marido?"

"Ah, senhor juiz, me desculpe entrar assim tão agitada! É que meu gato estava com fome e eu tive que fazer a comida dele e ainda limpar a cozinha antes de sair..."

"Está bem, minha senhora, mas por que deseja se divorciar?"

"Senhor juiz, será que haverá problema porque deixei o carro estacionado lá na frente?"

"Por favor, senhora, por que quer se divorciar do seu marido?"

"Senhor juiz, quanto tempo vai demorar esta conversa? Hoje é aniversário da minha mãe e eu preciso ir à casa dela."

"Minha senhora, por que vocês estão se divorciando?"

"Ah, o divórcio... Meu marido é que quer se divorciar. Ele diz que eu não escuto o que ele fala, mas acho que está errado..."

Há pessoas que vivem tão intensamente voltadas para si próprias que nunca escutam o outro. As estatísticas mostram que o número de separações tem aumentado, mas, na verdade, não aumentou, pois, para que houvesse separação, seria preciso ter havido antes o encontro, e inúmeras pessoas nunca se encontraram. Viveram juntas, sim, por muito tempo. Trabalharam na mesma sala por vários anos. Dividiram o mesmo teto por séculos, mas sempre como estranhas. Talvez esta seja a dor mais pesada de uma separação: a de ter estado juntos sem nunca haver rompido a barreira do desencontro.

Seu filho vive a seu lado todos os dias até que, de repente, você descobre que ele está usando drogas. Um drogado não se faz da noite para o dia. Será que você esteve mesmo junto dele durante anos? E agora que ele vive um problema? Será que vocês estão juntos de verdade? Se estiverem, não haverá acusações, haverá um encontro de olhares, um convite para o diálogo, talvez a percepção de quantas vezes ele quis falar e você não quis ouvir, a descoberta de que na sua frente há uma pessoa muito amada que precisa de ajuda e... talvez, depois de imensa batalha, a sensação de que você ganhou um filho. Na verdade, você não ganhou. Ele sempre esteve ali, você é que ainda não havia olhado de fato para ele.

Muitas vezes sou contratado para ajudar um time que está acumulando derrotas. No transcorrer do trabalho, o técnico ou o dirigente me pede para descobrir o que anda acontecendo com determinado atleta, que sempre se mostrou um batalhador e agora está fazendo corpo mole. Durante a conversa com o jogador, eu pergunto o que está havendo e ele me diz:

"Estou jogando com o joelho machucado..."

"E você falou com alguém?"

"Falei com todo mundo, mas ninguém se importou..."

Para ele, a maior dor não é a do joelho, e sim a da alma, por sentir que, apesar do sacrifício, ninguém lhe dá importância.

Quando o time não está tendo um bom desempenho, geralmente o técnico faz uma reunião com a equipe e pede que todos abram o coração. Não funciona. Coração não se abre com hora marcada. O coração só se abre com espontaneidade, no momento em que precisa! Tantas vezes quis falar e não foi ouvido que o atleta põe na cabeça que ali não é lugar em que os sentimentos sejam valorizados.

No mundo tecnológico de hoje, cada vez mais as pessoas sentem necessidade de alguém que se importe com elas. Ninguém quer ser mais um na vida do outro. E só haverá encontro se reaprendermos a olhar o próximo.

Uma família não é simplesmente a soma das pessoas que vivem numa casa, mas algo mágico, que transcende os indivíduos. É muito mais que o convite para decidir em conjunto a compra do apartamento ou o local das férias.

Família são olhares de cumplicidade no momento em que a filha terminou um namoro, o silêncio amigo que significa: "Sei que deve estar doendo muito, vou ficar quieto, mas se precisar estou aqui".

É um sorriso de parabéns pelo novo emprego. É um abraço calado que mostra quanto nossa amizade é para sempre.

É algo que as palavras não traduzem. É gosto de manga.

Quando, no exterior, conto que manga é minha fruta preferida, as pessoas me perguntam como é o gosto dessa fruta. Digo que é impossível descrever. Encontro é gosto de manga...

Um time é mais que todos os planos estratégicos juntos, é mais que todos os resultados, mais que todas as horas extras. É um jeito de olhar o visitante, uma forma de cumprimentar os colegas na volta das férias, a maneira de desejar boa sorte a um gerente que sai para negociar um contrato...

É no silêncio que o encontro se revela, é no silêncio que o encontro acontece. As palavras até podem ajudar, mas em geral atrapalham, pois são menores que seu significado.

No Japão, em algumas empresas, é costume fazer alguns minutos de silêncio antes de uma reunião. Ótima idéia.

Quase sempre é no silêncio que o encontro se dá. Em algumas empresas brasileiras, equipes têm o hábito de, antes de o expediente começar, dar-se as mãos e rezar um pai-nosso. Ótimo. Na oração se realiza o encontro com Deus e com os amigos de trabalho.

Caminhe para o encontro com o outro. Ouça a sua alma e escute a alma dele também. É a forma mais verdadeira de se relacionar.

# Os donos do futuro sabem mudar

Certa vez, duas moscas caíram num copo de leite. A primeira era forte e valente. Assim, logo ao cair, nadou até a borda do copo. Como a superfície era muito lisa e suas asas estavam molhadas, porém, não conseguiu escapar. Acreditando que não havia saída, a mosca desanimou, parou de se debater e afundou.

Sua companheira de infortúnio, apesar de não ser tão forte, era tenaz e, por isso, continuou a se debater e a lutar. Aos poucos, com tanta agitação, o leite ao seu redor formou um pequeno nódulo de manteiga no qual ela subiu. Dali, conseguiu levantar vôo para longe.

Por favor, continue lendo esta história até o fim.

Tempos depois, a mosca tenaz, por descuido, novamente caiu num copo, desta vez cheio de água. Como pensou que já conhecia a solução daquele problema, começou a se debater na esperança de que, no devido tempo, se salvasse.

Outra mosca, passando por ali e vendo a aflição da companheira de espécie, pousou na beira do copo e gritou:

"Tem um canudo ali, nade até lá e suba".

A mosca tenaz respondeu:

"Pode deixar que eu sei como resolver este problema".

E continuou a se debater mais e mais até que, exausta, afundou na água.

*Soluções do passado, em contextos diferentes, podem transformar-se em problemas. Se a situação se modificou, dê um jeito de mudar.*

Quantos de nós, baseados em experiências anteriores, deixamos de observar as mudanças em redor e ficamos lutando inutilmente até afundar em nossa própria falta de visão?

Criamos uma confiança equivocada e perdemos a oportunidade de repensar nossas experiências. Ficamos presos a velhos hábitos que nos levaram ao sucesso e perdemos a oportunidade de evoluir. É por isso que os japoneses dizem que na garupa do sucesso vem sempre o fracasso. Os dois estão tão próximos que a arrogância pelo sucesso pode levar à displicência que conduz ao fracasso.

Os donos do futuro sabem reconhecer essas transformações e fazer as mudanças necessárias para acompanhar a nova situação.

Se você leu apenas a primeira parte da história da mosca, talvez tenha pensado: "Essa eu já conheço". Leia o final para ver o que aconteceu com a mosca.

Agora responda: será que em alguma área de sua vida você está agindo como a mosca da história? Infelizmente, soluções do passado podem transformar-se em problemas no presente. Quando o contexto muda, as soluções mudam também. Ficar estagnado, esperando pelo retorno do passado, é tão inútil quanto esperar o bonde que passava antigamente.

## É preciso estar atento

"Se a única ferramenta que você tem
é o martelo, você tende a tratar tudo como
se fosse um prego."

*Abraham Maslow*

Os donos do futuro evoluem. Entendem que seu maior desafio não é mostrar que sabem, e sim fazer as coisas acontecer. Quando percebem que os resultados desejados não estão surgindo, eles vão atrás, com humildade, de uma solução que realmente funcione.

Todos nós precisamos evoluir. É uma exigência da vida da qual não podemos fugir. Sabe por que você ainda não realizou seu sonho? Porque falta alguma coisa em sua maneira de pensar ou agir. Evoluir significa desenvolver a capacidade de materializar nossos sonhos. Sonhos maiores exigem capacidades maiores.

Este é exatamente nosso destino: ir em frente. Se uma coisa não está funcionando bem, é preciso ter a coragem de mudar. É essencial ter a ousadia e a coragem de desafiar o que é tido como certo. De reinventar sempre. Quem não reinventa o mundo acaba sendo reinventado na marra.

Nunca o mundo foi tão generoso com quem acerta e tão cruel com quem perde o bonde da História.

A garota que aprende a lidar com a bolsa de valores é promovida a gerente após um ano de formada, mas, quando fica arrogante, pára de pesquisar e não atinge as metas, é dispensada na hora.

O restaurante que aprende a criar a felicidade de seus clientes vive lotado, porém no momento em que passa a pensar somente no lucro é abandonado pela clientela.

É preciso estar atento o tempo todo. Viver ligado. Não assustado nem paranóico, mas alerta para saber quando as coisas estão saindo do rumo e é necessário corrigir a rota. O presidente da General Electric, Jack Welch, disse certa vez a sua equipe: "Quando as mudanças do mundo ocorrem em velocidade maior que a nossa, é sinal de que as coisas estão ficando complicadas".

Estar atento é fundamental para não diagnosticar um problema tarde demais. Essa não é uma frase adequada somente para o tratamento de um paciente com doença terminal, mas para tudo na vida.

É melhor descobrir que seu filho está indo mal na escola logo que o problema começa a surgir do que ser surpreendido com uma reprovação no final do ano. Quando ele apresenta alguns sinais de insatisfação — não fala com tanto entusiasmo dos professores e colegas, não quer fazer as lições de casa, começa a perder aulas — já está claro que há um problema.

É melhor descobrir que a empresa está com problemas numa reunião de plano estratégico do que na hora do balanço financeiro.

É triste descobrir que é preciso mudar quando uma situação chega ao limite do suportável.

## Mantenha a bola girando em direção ao gol

Precisamos, mais do que nunca, entender que a bola, mesmo na direção certa, precisa ser alimentada de energia para continuar em movimento e chegar à meta.

O sucesso exige o esforço permanente de evoluir.

É impressionante como tanta gente ainda reluta em mergulhar na informática ou em matricular o filho num bom curso de inglês.

Muitas empresas ainda estão discutindo se devem ou não ter seu *website*, quando ele não só é obrigatório como também precisa ser cheio de atrativos, ser a oitava maravilha do mundo.

Quando um internauta abre um *website* medíocre, conclui que seus responsáveis são incompetentes, que a empresa é fraca e seus produtos também devem ser ruins. Um *website* precisa ser cativante, vendedor e mutante para provocar no cliente a vontade de acessá-lo. E, mais que tudo, se renovar sempre!

*Às vezes uma revolução está ocorrendo na escuridão, e a maioria das pessoas pensa que é mais uma novidade sem conseqüências.*

Será que o criador da pílula anticoncepcional tinha idéia da revolução que provocaria não só na sexualidade mas também em todas as áreas da vida?

Será que o criador do primeiro computador percebia a revolução que se processaria não somente na maneira de fazer cálculos mas também em nosso modo de pensar?

## Evolua antes que as necessidades virem problemas

"Nós nunca vivemos, mas sempre estamos na expectativa de viver."

*Voltaire*

Quando a vida das pessoas está dando para o gasto, elas têm a tendência de manter o rumo e só se dão conta de que deveriam ter mudado quando algum problema grande aparece no meio do caminho.

A empresa já estava indo mal, mas não se fez nenhuma correção porque dava para tirar algum dinheiro. O casamento já estava ruim, mas ninguém reclamava, até que um dos dois resolveu ir embora. As pessoas só percebem que se distraíram quando o problema já está muito complicado.

Sessenta por cento dos desempregados há mais de seis meses reconhecem que perderam o emprego porque ficaram ultrapassados. Por que não perceberam isso quando estavam empregados?

Na verdade, a maioria das pessoas não se dá conta da estagnação. Não têm acuidade para notar que todo dia o mundo evolui e elas estão ficando para trás. De repente, as mudanças se acumulam de tal forma que lhes faltam pernas para acompanhá-las. Só valorizam a necessidade de rastrear essas mudanças quando perdem o que têm. E aí só lhes resta chorar sobre o leite derramado.

Os donos do futuro estão sempre em movimento para melhorar mais.

Num célebre discurso diante do Senado romano, Júlio César tocou nesse assunto. O império continuava sólido e poderoso, mas César cobrou empenho de seus comandantes, que tinham sido heróis em campanhas passadas e naquele momento se entregavam às delícias do poder. "Vocês, que eram ágeis e ousados", advertiu, "estão gordos e pesados, pensam apenas em suas vilas e festas."

## Abra os olhos para o mundo

> "Quem quer que deseje sucesso constante deve mudar sua conduta de acordo com os tempos."
>
> *Machiavelli*

Muita gente tem dificuldade de perceber as mudanças porque está isolada do mundo. Fica fechada em casa, no escritório ou no consultório, e não sai para ver a vida desenvolver-se lá fora. Tranca-se em seu mundinho e não abre as janelas.

Lembro-me de que, há uns vinte anos, o psiquiatra José Ângelo Gaiarsa dizia a seus alunos: "Assistam à novela das oito".

É bom lembrar que ver novela, naquela época, era uma heresia para intelectuais e estudantes. Mas Gaiarsa insistia: "Vendo novela, vão perceber as mudanças de comportamento da sociedade e constatar como vocês continuam defendendo posições indefensáveis. A novela das oito é o espelho das angústias e conquistas das pessoas".

Mas não basta apenas saber o que está ocorrendo. É necessário relacionar os acontecimentos entre si para ter a noção panorâmica das mudanças, dos rumos que as coisas estão tomando.

Se a pessoa assistir à novela das oito sem esse cuidado, achará que os anseios dos personagens são coisa de ficção. Toda emissora tem um grupo que pesquisa as reações do público à história e aos personagens. Com base nessa apuração, personagens são cortados ou entram na trama. Se algo está na novela, é porque o público o aceita.

Estar atento às transformações e saber utilizá-las é uma virtude indispensável aos donos do futuro.

O primeiro executivo brasileiro do setor de exportação de suco de laranja que começou a estudar a meteorologia da Flórida para saber por antecipação se os laranjais da região seriam afetados pelo inverno deve ter trazido muito dinheiro para sua empresa.

O pai que sugeriu ao filho estudante de Direito especializar-se em Mercosul quando surgiram as primeiras notícias sobre o futuro acordo entre Brasil, Argentina, Uruguai e Paraguai certamente deu um bom conselho.

Se a associação entre os fatos não for feita, as mudanças se reduzirão a uma série de incidentes isolados, e não se tirará proveito algum. Às vezes até grandes homens caem nessa armadilha. Flavius Josephos, o historiador do povo hebreu da Antigüidade, dedicou a Jesus Cristo, de quem foi contemporâneo, umas dez linhas. Via-o apenas como um pregador entre tantos outros da época.

De maneira geral, as pessoas não conseguem fazer esse *link* das mudanças para promover transformações em sua vida e acabam ficando de lado.

O futebol é um bom exemplo. Hoje os jogadores devem ser polivalentes. Se um ponta-direita insistir em jogar à moda antiga, apenas naquela faixa tradicional do campo, não terá carreira longa. Vai receber menos a bola e participar pouco da partida. Acabará no banco de reservas. Ao fim do contrato, será dispensado. Terminará seus dias num clube pequeno.

Por isso é preciso perceber a insatisfação antes que os resultados sejam insatisfatórios. É necessário criar dentro de si a percepção de que é fundamental mudar antes de começar a trilhar um caminho de sofrimento.

Um bom exemplo é o da mulher que se casou com um homem rico. Ela pode optar por passar a tarde fazendo compras no shopping e levar uma vida fútil. Pode pensar: "Por que vou trabalhar para ganhar alguns poucos reais se tenho todo o dinheiro que quiser?" Quando notar que a insatisfação e o tédio tomaram conta dela por não se sentir útil, que o marido anda cheio do seu ócio, que os filhos não respeitam seu modo de vida, vai perceber que não pode comprar o respeito deles nem a alegria de viver. Saberá que é preciso mudar e, mais importante, descobrirá que tem capacidade de mudar. Certamente terá de enfrentar obstáculos, mas a coragem de mergulhar no próprio sonho e realizar essa transformação a encherá de orgulho.

## A loucura da neura

De repente, você está outra vez fervendo de mágoa. Mais uma vez alguém do seu departamento foi promovido e você sobrou.

De novo, um sócio está roubando a empresa e você pergunta, perplexo: "Como é que isso está acontecendo?"

Mais uma vez a pessoa que você está amando diz adeus. Ou pior: não diz adeus claramente, passa a não retornar seus telefonemas, espaçando o contato.

A vida vai ficando cada vez mais pesada.

É importante perceber que tudo o que ocorre em nossa vida pessoal e profissional é resultado de um trabalho que está sendo construído há algum tempo.

*O que está acontecendo em sua vida, seja positivo, seja negativo, é resultado de um processo que você pôs em movimento.*

Quando os resultados não são os esperados, chegou a hora de mudar. Muitas pessoas vivem iludidas pensando que os resultados mudarão sem que façam algo diferente. Vivem mergulhadas na "neura".

Sabe o que é neura?

É fazer as mesmas coisas e esperar que os resultados sejam diferentes.

É o caso do pai que bate no filho para que ele estude. O

menino não muda, mas ele mantém a atitude. Bate de formas diferentes, mas continua com o mesmo processo. Um dia bate e grita. No outro, bate e corta a mesada. Depois corta a mesada e não deixa sair. Neura pura.

Certa vez uma leitora me enviou uma carta com a seguinte pergunta: "Roberto, sou muito possessiva e controladora, e percebo que, se mostro isso no início dos relacionamentos, meus namorados vão embora. A partir de que momento posso mostrar essas características para eles?"

Minha resposta foi: nunca. Ninguém gosta de ser controlado e dominado. Trabalhe a sua insegurança. O problema não é mostrar, e sim deixar de ter esses traços de personalidade.

Muitas pessoas, em vez de mudar, ficam agressivas como animais selvagens ao ser atacados. O perdedor age como um animal na jaula: fica agitado porque se sente sacaneado. Na verdade, vive prisioneiro numa jaula construída por sua imaginação. A vantagem é que essa jaula não tem grades de ferro. É confeccionada de ilusão, e ele é o dono da chave. Pode sair de lá quando quiser.

Não adianta reclamar se o colega for promovido e você não. Adianta perguntar-se o que ele fez para merecer a promoção e como você pode mostrar sua competência para ser mais valorizado.

Tampouco resolve lamentar que o sócio seja ladrão. Quantos amigos você tem que possuem sócios honestos? Por que eles escolheram melhor que você?

É inútil chorar a partida da pessoa amada. Vale mais questionar por que não consegue aprofundar os vínculos de seus relacionamentos afetivos. O que está acontecendo? Por que ela não quis ficar com você?

## Pare de sofrer inutilmente

O sinal de alerta da mudança toca sempre que substituímos a alegria de viver pela preocupação. E a fluidez pela tensão. Nesses momentos, você tem de tirar o barco do porto e colocá-lo no mar, rumo a um novo mundo.

Cada um de nós tem uma área da vida que necessita ser cuidada com mais atenção. Se alguma parte de sua vida anda aborrecida e sem sal, é sinal de que precisa ser mais bem cuidada. Afinal de contas, é sua felicidade que está em jogo.

É claro que ninguém pode comprar a alegria de viver na padaria da esquina. Temos de aprender a conquistá-la. As lições estão dentro de nós. Precisamos ser professores e alunos de nós mesmos.

*Observe o que a insatisfação deseja lhe mostrar e vá atrás de sua felicidade.*

Na Índia, os mestres dizem que a diferença entre alguém que está com câncer e alguém com dor de cabeça depende da intensidade da aula de que a pessoa está precisando.

Na vida, quanto mais teimoso for o aluno, mais as aulas serão dolorosas. Quanto menos o aluno aprender, mais a vida vai bater pesado para que acorde e aprenda.

A escola da vida funciona assim. Se a pessoa está insatisfeita e fica em casa reclamando da sina em vez de tentar mudá-la, vai se tornar cada vez mais angustiada, arrumar uma úlcera ou uma depressão. Ela tem a ilusão de se acostumar com a dor, mas o pior é que a dor não pára de aumentar. A alegria de viver fica tão inacessível quanto o pico do Everest.

Negar uma necessidade nunca foi boa solução. O problema vai continuar até a pessoa se convencer de que precisa sair daquela situação e começar algo novo. Essa é a lição que está fazendo falta. Quando nos recusamos a aprendê-la, o problema se agrava.

## Amargura ou sabedoria

Quando as coisas começam a não funcionar em nossa vida é importante aprender a lição para não repetir o ano. As pessoas insistem em comportamentos que dão resultados negativos e depois reclamam. Não percebem que reclamar é inútil e que a única saída é analisar a situação e buscar solucioná-la.

Fazer as mesmas coisas e esperar que os resultados mudem é acumular sofrimento. Isso nos deixa amargos.

Na vida, nós somos problema ou solução. Se formos parte do problema, ninguém vai gostar de ficar ao nosso lado. Se formos solução, conseguiremos fazer com que os outros tenham vontade de estar conosco e nos ajudar.

Minha mãe não valorizava gente "reclamona". Quando ficou viúva e sozinha em Santos — os filhos estavam em São Paulo —, ela nos pediu que lhe arrumássemos um apartamento perto do nosso escritório. Conseguimos um a uma quadra. Passamos a almoçar lá todos os dias. Ela fazia uma comida deliciosa.

Mamãe poderia ter ficado em Santos reclamando da vida e de nossa ausência e enchendo nossa alma de culpa, mas optou por vir para perto de nós fazer nossa comida, contar histórias maravilhosas e sugerir o que eu deveria dizer no programa da Sílvia Popovic.

Talvez alguém pense: "Mas vocês permitiram? Coitada. Estava na hora de ela descansar".

Errado. Ela adorava cozinhar. Arrumou uma ajudante muito especial e fazia de nossos encontros momentos muito gostosos. Verdadeiras lições de vida. Sua dignidade não permitia que ela se sentisse um peso para nós. Não íamos almoçar com ela porque éramos obrigados nem porque sentíamos pena, e sim para ficar juntos, saborear uma comida gostosa, contar sobre nossa vida e dar boas risadas.

O psicanalista americano Erick Ericsson disse que por volta dos 50 anos as pessoas se encontram numa encruzilhada existencial, entre a amargura e a sabedoria. Aquelas que aprenderam a viver conquistam a maturidade. Mas as que percebem que estão se aproximando da morte ficam amarguradas.

Quem aprendeu a simplificar a vida desfruta cada dia com alegria. Quem só aprendeu a reclamar de tudo terá de agüentar o peso da vida por mais algum tempo.

## Humildade, o primeiro passo

"A vida é uma longa lição de humildade."

*sir James M. Barrie*

O líder de um grupo sempre deve ter em mente que precisa mudar algo em si próprio para gerar um processo de mudança em sua equipe.

É fundamental ter maturidade para perceber que não adianta querer mudar o outro se não conseguir transformar-se.

O pai que, ao chegar em casa, atira um sapato para cada lado não pode exigir comportamento diferente do filho.

Pais, lembrem-se: os filhos crescem olhando para suas costas e seguindo seus pés. Para ajudá-los a mudar, é preciso que vocês mudem primeiro. Não peçam a eles o que vocês não são capazes de fazer.

*Alguém que está comprometido com a mudança precisa, sobretudo, despir-se da arrogância da certeza, a jóia mais brilhante da coroa do individualista.*

Ele acha que sabe tudo, decide tudo, pensa que o mundo não gira sem ele. Por que alguém que tem tantas certezas ouviria a opinião alheia, pressentiria as necessidades dos outros ou acharia que as coisas que são do seu jeito precisam ser mudadas?

Os construtores do *Titanic* fizeram um navio indestrutível que não durou uma viagem.

O reino espanhol, para destruir a Inglaterra, lançou ao mar a Invencível Armada, derrotada pelos ingleses.

Na final da Copa de 1954, contra a Alemanha, na Suíça, o atacante Puskas, capitão da seleção húngara, entrou em campo mesmo machucado porque queria erguer a taça. Os húngaros tinham tanta certeza de sua superioridade que se julgavam capazes de vencer com um jogador a menos. Foram derrotados por 3 a 2.

Na Olimpíada de Berlim, em 1936, Hitler acomodou-se na tribuna de honra para ver seu campeão ariano ganhar a medalha de ouro dos 100 metros rasos. Viu um sensacional negro americano chamado Jesse Owens chegar em primeiro lugar.

Em 1950, às vésperas da decisão com o Uruguai na Copa do Mundo, a seleção brasileira fez um churrasco comemorativo e posou com a faixa de campeã para adiantar o expediente dos jornais da segunda-feira. Todos sabem o que aconteceu.

## Aprendendo as lições da vida

"Um problema só surge quando estão presentes todas as condições para solucioná-lo."

*Karl Marx*

Todo problema traz em si uma oportunidade para crescer. Quando se aproveita essa oportunidade, o sofrimento vai embora. Minha amiga, a professora Maria Júlia Paes, tem uma frase muito bonita: "Senhor, por favor, me ajude a aprender logo o que o Senhor quer me ensinar".

Deus não coloca os problemas em nossa vida para nos sacanear. Dificuldades são oportunidades de crescimento. Os problemas, depois de superados, mostram-nos nossa verdadeira capacidade.

Enquanto não assimilamos o ensinamento embutido num problema, prolongamos e aumentamos o sofrimento que ele causa. Quando aprendemos a lição que a dificuldade nos traz, a angústia desaparece como por milagre.

Por isso encontramos pessoas que passaram por problemas imensos e conservam aquele brilho cristalino de entusiasmo no olhar. Curtem uma imensa alegria de viver porque superaram desafios.

Conheço a história de um judeu sobrevivente do campo de concentração de Auschwitz. Tem 79 anos e mora em São Paulo. É um exemplo de sabedoria: toca violino muito bem, compõe, escreve, fala de tudo com calor.

Um dia alguém lhe perguntou: "Como o senhor consegue ser feliz apesar de tantos horrores que aconteceram em sua vida?"

Ele respondeu com seu sotaque arrevesado: "É por causa disso mesmo. Com eles, aprendi que a vida comum é um privilégio. No campo de concentração, enfiei na cabeça que devia ser feliz".

Ele me recorda um personagem de Guimarães Rosa que diz: "Vou pro céu nem que seja a porrete".

Tem gente que não quer ser feliz nem empurrada, quanto mais a porrete. Envolve-se em pequenos problemas, faz tempestade em copo d'água e acaba transformando camundongo em elefante. Julga-se o ser mais infeliz da face da Terra e, por se sentir profundamente injustiçada, torna-se frustrada, dura e cínica.

## Os mecanismos da neurose

Já definimos a neurose: é fazer as coisas da mesma maneira e esperar que os resultados sejam diferentes.

Como a neurose se manifesta no dia-a-dia?

Basicamente de duas maneiras: pelo adiamento da mudança e pela repetição de um comportamento.

Vamos falar primeiro da repetição. Para a maioria das pessoas, não existem surpresas na vida. É sempre a mesma coisa. Os maus resultados vivem se repetindo.

Como "repetindo"?

É aquela sensação de que tudo está legal e, de repente, se entra num tobogã, numa queda que não é possível segurar. Só se pára lá embaixo. No parque de diversões é bom. Na vida, podemos nos esborrachar.

As pessoas não se dão conta de que vivem as mesmas histórias repetidas vezes. Como se diz em inglês: *over and over again*. Não percebem que o mesmo filme está em cartaz há muitos anos.

Por exemplo: Fulano está desempregado outra vez, só que agora acha que é pelo motivo B. Antes disso foi pelo motivo A. Como não percebe que o filme é o mesmo, faz aquela cara de surpresa. É como assistir a um vídeo de final de campeonato em que você sabe que seu time perdeu, mas acha que desta vez a bola vai entrar no gol.

É importante que se questione o tempo todo para não repetir o mesmo comportamento. Diga a si mesmo:

*Chega de repetir o mesmo filme*
*na minha vida.*

O outro mecanismo da neurose é adiar. Vamos adiando as coisas sem entender que a bola pára apenas quando fazemos algo para mudar sua direção. Caso contrário, ela continua seu percurso. É importante ter a força de interromper um comportamento negativo.

Mudanças não ocorrem amanhã. Acontecem agora, no momento em que nos damos conta de nossa capacidade, de que podemos ter uma vida mais plena.

Você conhece alguém que resolveu começar um regime na segunda-feira e o seguiu por muito tempo? Talvez a pessoa mantenha a decisão durante uma semana ou um mês, mas em geral, depois de algum tempo, esses propósitos vão por água abaixo. Quem realmente quer emagrecer começa agora. Não existe momento melhor do que este para iniciar um processo de mudança.

As mudanças começam quando as pessoas se sentem insatisfeitas com seu padrão de vida. Quando percebem que têm capacidade e potencial para viver melhor. Portanto, não adie as mudanças para daqui a um segundo. Elas têm de começar agora.

A cada momento você toma decisões que vão mudar sua vida. São essas pequenas decisões que definem como ela será.

Uma das decisões mais importantes de quem quer mudar é jogar fora tudo aquilo que se tornou desnecessário. Às vezes, é complicado. Temos dificuldade de nos despedir, de dizer adeus a pessoas e coisas, principalmente se foram importantes para nós. Mesmo estas, porém, devem ser deixadas para trás: um antigo amor, uma profissão que se almejou, mas para a qual não se tinha vocação, a empresa familiar que não tem nada a ver com você.

É preciso jogar fora a velha máquina de escrever para aprender a ser amigo do computador. Se deixar a velha máquina de escrever sobre a mesa, ela continuará exercendo fascínio sobre você, atrapalhando sua adaptação ao computador. Você vai querer voltar para ela assim que enfrentar as primeiras dificuldades. Não terá persistência para superá-las.

Precisamos entender que houve um momento em que algo foi útil, resolveu problemas, nos deu prazer, mas agora precisa ficar para trás.

Conheço uma fábula bastante significativa que se passa num mosteiro zen-budista.

Um gato apareceu no mosteiro durante a meditação de fim de tarde. Subia nas pessoas e esfregava-se nas pernas delas, distraindo todo o grupo. Passou a fazer isso todos os dias, e alguém precisava interromper a meditação para tirar o gato dali. Como ele sempre voltava, resolveram nomear um guardião para o gato. Sua função era cuidar para que o bicho não atrapalhasse a meditação.

Um dia, muitos anos depois, o gato morreu. Sabe qual foi a primeira atitude do guardião? Pedir dinheiro para ir à cidade comprar outro gato.

Observe: um dia foi preciso nomear um guardião para

cuidar do gato. Agora comprariam um gato para manter um trabalho desnecessário. Ora, se não é mais preciso ter guardião, não se compra mais gato! O ex-guardião poderia ser utilizado em outras funções, como cuidar do jardim, da limpeza do mosteiro, da comida ou zelar pelos textos sagrados. Faria algo novo em vez de ficar aprisionado a um hábito.

As pessoas têm a ilusão de que a bola pode mudar de rumo mesmo que ninguém faça nada. Se não houver mudança, porém, o destino seguirá seu caminho e se realizará sem que nada lhe seja acrescentado.

Você pode ser o dono do seu destino. A única condição é que precisa tomar essa decisão agora!

## Obstáculos às mudanças

Eric Berne, psiquiatra canadense criador da análise transacional, dizia que muitos clientes iam à terapia como se estivessem na forca, com a corda no pescoço e apoiados numa pilha de livros sobre a mesa para não ficar dependurados.

Esses clientes não queriam que o terapeuta os livrasse da forca. No fundo, desejavam que ele colocasse mais um livro na pilha para sua posição ficar confortável. Procuravam uma maneira de perpetuar sua dependência e seus conflitos. Não queriam mudar.

Para transformar sua vida, antes de mais nada, você precisa ter vontade genuína de mudar. Claro que vai enfrentar dificuldades, pois elas fazem parte de qualquer processo de mudança.

Há alguns anos passei por uma experiência muito importante: pude sentir na pele os obstáculos à mudança. Havia resolvido deixar de ser terapeuta e me lançar a um desafio maior: dar palestras a grandes grupos em empresas. Estava acostumado a lidar com grupos pequenos, de dez a quinze pessoas, tanto no consultório como nas empresas, mas resolvi topar o desafio. À medida que me preparava para estrear, sentia-me um prisioneiro com uma bola de ferro amarrada nos pés. De um lado, a tranqüilidade dos bons resultados obtidos com grupos pequenos. De outro, a insegurança de trabalhar com muita gente ao mesmo tempo. Uma pergunta martelava minha cabeça: será que tenho talento para a empreitada?

Naquela época, o Brasil já tinha grandes palestrantes, o que só aumentava minhas incertezas. Por fim, dei a primeira palestra, que, para piorar a situação, foi muito fraca. Na avaliação dos participantes, ocupei o nono lugar entre os dez palestrantes do simpósio. Minha cabeça se tornou um caos, e a primeira reação foi pensar que não tinha talento para aquilo, que era melhor voltar aos grupos de terapia.

Resolvi manter a decisão anterior e me preparar melhor para os novos desafios à minha frente. Precisava ter a coragem de mergulhar na penumbra e descobrir uma parte de mim que ainda não havia sido revelada. Contei, para isso, com o apoio e o carinho dos amigos. Depois desse início, já perdi a conta de quantas palestras fiz.

Mudar é atender a um chamado da nossa vocação. Quando surge a necessidade de mudança na vida, ao mesmo tempo um milhão de dúvidas aparecem para questionar nossas certezas. O novo é percebido como ameaça a nossa estrutura mental. No primeiro momento, é como se fôssemos feridos do ponto de vista emocional. Depois, entramos em um questionamento muito íntimo sobre a pessoa que acreditamos ser e a maneira como percebemos e definimos nossa vida. Acabamos questionando nosso modo de ser, estabelecido ao longo dos anos.

Quem quer conquistar uma montanha encontra muitos obstáculos no caminho, mas nada será capaz de desanimar os donos do futuro.

*A primeira pedra no caminho da mudança é o medo do desconhecido.*

O problema é que crescer significa explorar o desconhecido. Em meu exemplo, o sucesso como terapeuta me dava certo conforto, que me desestimulava de enfrentar o risco da mudança.

Todo mundo tem esses confortos. As pessoas gostam de garantias e de coisas com as quais estão acostumadas, mesmo que sejam pequenas e insatisfatórias. O conhecido nos dá uma sensação de proteção. "Ruim com ele, pior sem ele", diz o ditado. Pensando assim, muitas mulheres ficam casadas durante vários anos com alcoólatras que transformam sua vida num tormento.

Quando se é jovem, tem-se menos a perder, e as pessoas se arriscam mais. Têm coragem de enfrentar o novo. Depois que conseguem certa estabilidade na vida, começam a evitar o risco. É o início da decadência. O amor e o sucesso não são presentes que os acomodados recebem...

*A segunda pedra no caminho da mudança é a inércia.*

O ser humano tende a deixar como está para ver como fica. Não se mexe em time que está ganhando, mesmo quando ele anda perdendo as últimas partidas...

Você nunca conheceu alguém que mudou de emprego e certo dia saiu de casa e tomou o caminho do antigo trabalho? É a inércia, a tendência a seguir sempre pela mesma trilha.

O hábito nos leva sempre ao mesmo lugar. É conservador. O problema é que a vida não gosta de repetições. Pelo contrário, exige criatividade. A linha de montagem adora repetições, mas o casamento precisa de ar novo, o diálogo com o filho, de novas posturas, a empresa que quer vencer, de ações inovadoras.

Você, que está investindo em um novo momento de seu casamento, siga um conselho: arrisque-se, vá a um restaurante diferente, transe na sala. Quebre rotinas, mude padrões, crie espaço para redescobrir as pessoas lindas que vocês são e a inércia do casamento impede que aflorem.

*A terceira pedra no caminho da mudança é a auto-imagem.*

As pessoas procuram se definir: sou corajoso, sou esportivo, sou tímido. Depois de estabelecer uma imagem, vivem para mantê-la. Param de se renovar e acabam escravas dos rótulos que criaram para si mesmas ou que os outros lhes deram.

As secretárias vivem uma crise de identidade porque sua função ficou associada ao auxílio a outro profissional. Hoje os gerentes não precisam de alguém que os ajude, e sim de quem trabalhe junto deles. As secretárias que não conseguem abandonar a identidade de serviçais estão tendo dificuldade de evoluir. Aquelas que percebem que seus instrumentos de trabalho mais importantes não são o telefone nem o computador, e sim a criatividade e a iniciativa, podem continuar crescendo.

Lembre-se: o importante não é sua imagem, é você!

*A quarta pedra no caminho da mudança são os fracassos anteriores.*

Pessoas que já tentaram mudar e foram malsucedidas tendem a defender suas posições. Pensam: "É melhor um pássaro na mão que dois voando". Elas não percebem que não têm mais um pássaro na mão e não estão indo atrás dos que estão voando.

Quem mudou e se deu mal fica traumatizado. O profissional que saiu de uma empresa para montar o próprio negócio e falhou dificilmente quer ouvir falar de mudanças. Deseja ficar no seu canto, tocando a vida, mesmo que surjam oportunidades imperdíveis.

Conheci um casal que decidiu não ter filhos depois que a mulher abortou na primeira gravidez. A experiência tinha sido muito pesada para os dois. Agora estão arrependidos, mas já têm quase 60 anos...

Lembre-se: as derrotas são as melhores lições de vida quando desenvolvemos nossa capacidade de superação.

Thomas Edison, o inventor da lâmpada, criou centenas de protótipos que não funcionaram. Um dia, no meio dessas tentativas, alguém lamentou: "Que pena que você fracassou tantas vezes!" Ao que ele respondeu: "Eu nunca fracassei, descobri centenas de maneiras de como não construir uma lâmpada". O final da história todos conhecemos.

Não importa quantas vezes você cai. O triste é deixar de se levantar. Tropeços fazem parte da vida e são as melhores lições que podemos ter.

Não deixe que as derrotas do passado decidam sua vida!

*A quinta pedra no caminho da mudança é a dificuldade de desaprender o conhecido para aprender o novo.*

Observe uma criança que aprende a andar. Não são apenas seus ossos e músculos que precisam amadurecer. Todos os circuitos neurológicos precisam se organizar de tal forma que ela consiga se equilibrar e se mover na direção desejada. No momento em que, finalmente, ela aprende, toda a sua estrutura muscular, psicológica e neurológica é acionada para manter esse aprendizado. Cada vez que o indivíduo realiza uma ação, reforça esse circuito.

O mesmo acontece com as mudanças. Um dia a pessoa percebe que tem de mudar. Mas todos os seus sistemas estão preparados para repetir o que sempre foi feito. É preciso paciência e perseverança para deixar de fazer o automático e treinar novos sistemas.

É isso mesmo: mudar é também uma questão de treino. Simplesmente deixar de fazer o que foi automatizado e treinar o novo comportamento desejado.

*A sexta pedra no caminho da mudança é a falta de amigos na nova situação.*

A maioria de nossos amigos gosta daquilo que estamos deixando de lado e, portanto, tende a não valorizar os novos objetivos. Mudar, portanto, geralmente significa fazer novos amigos que nos apóiem em nossa evolução.

O operário que decide voltar a estudar para fazer faculdade dificilmente terá o apoio dos amigos. O pessoal do futebol vai convidá-lo a faltar às aulas para jogar bola. O pessoal da cerveja vai requisitá-lo para tomar mais uma...

O mesmo processo ocorre com a dondoca que começa a trabalhar. As amigas continuam a convidá-la para fazer compras à tarde. As fofoqueiras dizem que passou a trabalhar porque o marido está falido. E ela terá de seguir adiante mesmo sem contar com o apoio das amigas do chá da tarde.

Infelizmente, mudar significa quase sempre deixar para trás o grupo de amigos, que na maioria das vezes não evolui conosco. Quando temos amigos que aproveitam o estímulo de nossas mudanças para crescer a nosso lado, isso se transforma numa alavanca sensacional do sucesso.

Mudar não é apenas uma decisão. É também a disciplina de transformar essa decisão em estilo de vida.

## A coragem de mudar

Mudar exige coragem. É saltar do conhecido rumo ao incerto.

"Não amo meu marido, mas será que vou encontrar alguém melhor?"

"Odeio este trabalho, mas será que vou achar um emprego mais interessante?"

"Não agüento mais morar com minha mãe, mas será que vou conseguir sobreviver sozinha?"

Crescer significa ter a ousadia de explorar o desconhecido. Viver em segurança é como viver na pobreza. Quem quer viver somente o conhecido precisa se acostumar com pouco.

É necessário aprender a fazer o que assusta. No processo de mudança, sempre haverá medo de algo. Muitos psicólogos defendem a idéia de que os clientes devem primeiro dominar e anular seus medos e depois partir para a ação. Isso é ilusão, pois aquilo que é importante em nossa vida sempre nos provocará um friozinho na barriga. O grande desafio é fazer o que nos propusemos mesmo com o medo por perto.

*Devemos ter a coragem de fazer o que precisamos — voltar a estudar, começar a trabalhar fora, casar ou descasar, o que quer que seja — apesar do medo.*

René Descartes, no livro *Discurso sobre o método*, orienta os leitores a deixar a casa atual apenas quando tiverem uma nova casa para morar. Diante dos desafios menores da vida, como trocar de carro e comprar uma casa, use o método de Descartes. Os temas que definem uma vida — mudar de profissão, de cidade, dar a chave de casa para os filhos —, porém, não dão seguro de sucesso. Diante deles, é preciso ousar e deixar o medo de lado.

Se uma coisa é importante, o medo faz parte de sua realização. Portanto, decida, planeje e realize apesar do medo...

Ao mudar, aprenda a fazer as coisas de que não gosta. Todo mundo sabe que é preciso gostar do que se faz. Isso é fundamental, importantíssimo, mas as vitórias são construídas sobre coisas que gostamos e também sobre outras que não gostamos de fazer.

Alguém diria que é gostoso ficar acordado a noite inteira cuidando do filho gripado? Ou pensando no planejamento estratégico da empresa?

Não gosto de escrever artigos para revistas que dão prazos reduzidíssimos. Tudo é para ontem. Parece que todos os diretores de redação combinam entre si para pedir tudo em cima da hora. Detesto escrever sob a pressão do tempo, mas gosto de mostrar minhas idéias. Aperto a agenda e coloco as idéias no papel.

Quando saem da faculdade, muitos jovens têm a ilusão

de que vão fazer só o que gostam. Ilusão que os primeiros dias de trabalho destroem.

Muita gente pensa que escolheu a profissão errada e começa outra faculdade até descobrir que qualquer carreira tem seu lado chato. Precisamos aprender a colocar o máximo prazer em nosso trabalho, mas temos também de fazê-lo com a máxima qualidade, mesmo que isso implique horas e horas de desprazer.

Um jornalista recém-formado sonha escrever artigos e reportagens que vão abalar o país. É justo que sonhe e deve continuar sonhando, mas o chefe de reportagem lhe ordena que escreva sobre o "buraco de rua", que, no jargão da redação, é o assunto menor. Faz parte do jogo, do aprendizado. Tem de ser feito. E muitas vezes é o que diferencia o profissional do amador.

## Perguntas sábias

Por incrível que pareça, as perguntas que você se faz ao encarar as mudanças e enfrentar os desafios revelam que tipo de pessoa é.

Quando estiver passando por um problema, é fundamental fazer a pergunta correta para alavancar a solução.

O teor de sua pergunta diante de um problema o coloca entre as pessoas sábias ou as que se fazem de vítimas.

Quando tem um problema, a vítima pergunta: "Quem está querendo me sacanear? Por que tudo dá errado comigo?" Acha que os amigos não querem ajudá-la, que o chefe a está sabotando, que o cônjuge... A vítima pensa que o mundo é um vale de lágrimas.

O sábio pergunta: "Que aprendizado está me faltando para superar esse desafio?"

O tipo de pergunta determina o grau de aprendizado e a escolha do caminho. Perguntas sábias estimulam o crescimento. Perguntas de vítima reforçam essa postura.

A pessoa que deseja saber quem a está sacaneando se atola cada vez mais em seu mundo pobre. Aquela que procura a solução encontra muitas opções.

Diante de um problema, faça estas perguntas:

- Quem pode me ajudar a sair disto?
- Quem pode me orientar neste momento?
- O que posso fazer de diferente nesta situação?
- Quem tem a resposta daquilo que procuro?
- O que preciso mudar em mim para superar este problema?

Ao vencer um obstáculo, o sábio se sente muito bem consigo próprio porque descobriu uma força que não conhecia. E, mesmo que não chegue ao sucesso na primeira vez, o esforço de experimentar e o aprendizado adquirido vão inevitavelmente levá-lo à vitória.

## Eleve seus padrões

Mudar e evoluir exigem que se olhe para o alto.

Quem olha para trás acaba batendo a cabeça no muro. Não olhe para quem não conseguiu realizar suas metas. Um dia um estudante de Publicidade me perguntou se sua carreira tinha futuro. Respondi que sim, pois as pessoas e as empresas sempre precisarão divulgar seu trabalho. Ele comentou então que havia conversado com seu tio, dono de uma agência falida, e ele lhe dissera que esse tipo de negócio estava decadente.

Por favor, conversar com alguém que quebrou só nos ajuda quando ele tem a humildade e a sabedoria de assumir a responsabilidade por seus erros. A maioria das pessoas que quebram joga a culpa do fracasso no governo, na situação econômica do país, no Plano Collor. Conversar com elas serve apenas para aumentar o repertório de desculpas. Olhe para quem teve sucesso, e não para quem fracassou.

Pergunte sobre casamento a quem tem uma relação legal.

Pergunte sobre medicina a um médico de carreira bem-sucedida.

Você vai observar que eles têm ambições altas. Se alguém deseja ter sucesso, precisa sempre elevar seu padrão.

Sempre que você quiser algo pergunte-se: "Quem está conseguindo o resultado que eu gostaria de obter? Como essa pessoa pensa e age?" Você descobrirá que sua forma de agir é compatível com a meta que deseja alcançar.

Quando queremos algo ambicioso precisamos ter bem claro que é necessário desenvolver uma nova atitude. Existem ações que levam ao sucesso. Os técnicos esportivos sempre orientam os atletas a observar o jeito de atuar dos campeões.

Uma pesquisa da National Hockey League (NHL), a liga de hóquei americana, revela que os primeiros vinte entre os quinhentos melhores jogadores de hóquei agem de maneira completamente diferente dos demais. Procure incorporar as referências dos campeões a suas mudanças. Faça como os melhores de seu setor.

Elevar o padrão é procurar sempre melhorar a qualidade das idéias, dos sonhos, das ações, dos amigos.

Um adolescente jogador de tênis que deseja tornar-se profissional nesse esporte precisa aumentar seu padrão de referência. Não adianta comparar-se aos outros praticantes do clube, pois o padrão deles é de amadores. Quem deseja ser profissional deve definir exatamente o que quer, qual é seu sonho, ter aulas com o melhor professor que conseguir encontrar e eleger como modelos os maiores tenistas do mundo. Deve sempre aumentar seu *standard* para aprimorar seus resultados.

## Não mude o sonho, mude a estratégia

"O momento mais difícil é o de evoluir", diz Chico Xavier, com sabedoria. Mudar exige uma revolução de postura, de atitudes, de idéias, de intenções e de ações.

Quando algo não está funcionando, todo o processo deve ser analisado e transformado.

Se seu filho foi reprovado pela segunda ou terceira vez no vestibular, é preciso reavaliar a eficiência do seu sistema de estudo, descobrir o que se passa na cabeça dele, e toda a família deve assumir a responsabilidade por esse insucesso.

Se você não consegue manter nenhum emprego, isso é sinal de que precisa analisar sua competência profissional. Acusar o governo e as empresas não resolve seu problema de desemprego.

Se você não é capaz de conservar uma relação afetiva estável, está na hora de analisar sua maneira de amar. Responsabilizar os homens, as mulheres e a vida agitada por sua solidão não vai saciar sua sede de afeto.

Não mude o sonho, mude em você ou em sua forma de agir aquilo que o impede de realizar esse sonho.

Muitas pessoas diminuem o tamanho do sonho na esperança de conquistar um pouco de tranqüilidade, mas, na verdade, querem apenas convencer a si próprias de que são menores do que realmente são.

*Lembre-se: você é do tamanho dos seus sonhos.*

Muita gente define um objetivo e estabelece uma estratégia para alcançá-lo. Ótimo! Esse é o primeiro passo. Contudo, à medida que os resultados não se mostram compatíveis com a energia despendida, começa a desistir do sonho. Não mude seu objetivo, mude sua estratégia.

A desistência é o caminho mais rápido para chegar à depressão.

Quem desiste de um sonho passa a viver abaixo de seu potencial e começa a murchar.

Mantenha seu objetivo, analise suas ações, monitore seus resultados, corrija a rota até que as coisas passem a funcionar. Quem não consegue mudar o processo também não muda os resultados.

## Um plano de ação

Mudanças ocorrem com hora marcada! Quem deixa para algum dia acaba realizando em nenhum dia...

Se você está decidido a promover mudanças em sua vida, vamos trabalhar juntos por um momento.

Pegue sua agenda.

1- Escreva o que pretende mudar, o que quer. Eis alguns exemplos de mudança:

- Ser mais organizado.
- Dialogar mais com os filhos.
- Traçar projetos com a equipe.
- Ouvir mais as pessoas.

2- Escreva detalhadamente como sua vida vai melhorar quando você conseguir fazer essas mudanças. Quanto mais claros forem os benefícios das mudanças, maior motivação você terá para se transformar.

3- Escreva o que você perde por não mudar. Quais serão as conseqüências negativas em sua vida se continuar como está? Mudamos por desejar algo melhor para nós e para as pessoas que amamos, mas também pelo medo de perder o que já conquistamos.

4- Faça uma relação das pessoas que podem ajudá-lo a realizar seu objetivo.

5- Agora crie o projeto desse processo de mudança. Organize as etapas. Escreva em cada uma: o que você vai realizar, como vai realizar e quando isso vai acontecer. Lembre-se de que mudanças ocorrem com hora marcada. Procure sempre responder a três perguntas básicas na elaboração de um projeto: o quê, como e quando.

Bem, é chegado o momento de pôr mãos à obra! Uma das fórmulas do sucesso é informação + ação = resultado. Se você está fazendo tudo conforme o planejado e o resultado não aparece, pare e reformule o plano. Não diminua sua expectativa.

Sucesso!

## Transforme o compromisso em ação

Todo processo de mudança começa com o pronome pessoal mais importante de nossa vida: *eu*. Sempre seguido de um verbo de ação:

*Eu vou* estudar inglês.

*Eu vou* acabar a faculdade.

*Eu vou* fazer uma reunião com minha equipe.

*Eu vou* sair com meus filhos duas vezes por semana.

Você só consegue mudar uma pessoa neste planeta: *você* mesmo. Mudar o outro é conseqüência de sua mudança, como já dissemos.

Trabalhe consigo mesmo. No começo tudo parece forçado. Depois, vem uma fase em que achamos que as coisas não vão funcionar e, de repente, um dia tudo se encaixa. O treinamento se transformou em hábito.

O próximo passo será tornar o hábito em virtude. Aí fica fácil: os amigos comemoram, você se orgulha da vitória e a auto-estima brilha.

## Um recado importante

"A sinceridade não é dizer tudo o que se pensa,
mas crer em tudo o que se diz."

*Tito Lívio*

Mude, mas respeite sua vocação e seus valores.

Os jovens sempre me perguntam sobre a profissão que rende mais dinheiro. Costumo responder com uma brincadeira. Digo que eles ainda são muito jovens para se perverter. Depois vou mais fundo. Explico por que uma profissão não deve ser escolhida prioritariamente porque dá dinheiro.

O exercício de uma profissão não é apenas fonte de sobrevivência. A profissão é como o casamento: se com amor já dá tanto trabalho, imagine sem amor como fica complicado. Evolua, mas respeite sua vocação. Você poderá até ganhar menos que seu amigo do mercado financeiro, mas terá muito mais alegria de viver.

A profissão é o instrumento de realização da vocação do ser humano. É algo que dá sentido à vida, que lhe dá a certeza de que está fazendo e construindo algo bom, de que a vida vale a pena. Nem sempre ganhar dinheiro proporciona essa realização.

O médico-sanitarista Oswaldo Cruz não estava preocupado com o contracheque quando travou uma batalha com a febre amarela e descobriu sua vacina.

O compositor Heitor Villa-Lobos não compôs suas *Bachianas* de olho na conta bancária.

O trabalho é um dos principais caminhos de realização pessoal. Por meio dele, podemos reivindicar respeito e um lugar no mundo.

Mantenha sua vocação e seus valores, independentemente da atividade que escolher. Os valores são aprendidos e cultivados em família. Passam de pais para filhos, que depois vão exercitá-los mundo afora. Portanto, o pai e a mãe que ensinam bons valores estão contribuindo para um mundo melhor, onde seus filhos vivam mais felizes.

O ser humano pode crescer, fazer com que sua vida seja melhor, construir sua felicidade. Mas, se esquecer seus princípios, será infeliz. Ou causará a infelicidade alheia. Ou, pior, fará ambas as coisas.

"Os valores de minha vida são fundamentais. Sei que vou receber pressões para mudá-los, mas eles precisam ser mais fortes que essas pressões, pois dão sentido a meu trabalho e a minha vida", disse uma vez Ayrton Senna.

Não abra mão de seus valores para ter sucesso ou conservá-lo. Pessoas como Senna e Betinho provaram que é perfeitamente possível ser bem-sucedido e preservar a integridade.

Mude e cresça. Mas não abandone sua alma em um canto qualquer!

# Celebração

"O futuro não é um presente, é uma conquista."

*Harry Lauder*

O SUCESSO É CONSTRUÍDO SOBRE CONQUISTAS MATERIAIS, mas a felicidade é construída sobre percepções. Muitas pessoas não percebem que os maiores tesouros já foram conquistados. Fixam o olhar no que falta atingir e não desfrutam o que está ao lado delas. Os donos do futuro criam o amanhã e desfrutam o presente.

A maneira de perceber o que se tem e o que se é define a sensação de plenitude na vida. Uma pessoa que ganha 1 milhão de dólares por ano pode se achar pobre porque, ao se comparar com bilionários, considera que ainda ganha pouco. Por outro lado, alguém que recebe mil dólares por mês pode se sentir milionário, pois consegue curtir cada centavo aproveitando a vida.

Para ser feliz, é fundamental que você perceba quais são seus parâmetros, o valor que confere àquilo que conquistou. Certa ocasião trabalhei com mulheres mastectomizadas. Algumas se alegravam pelo fato de estar vivas, de poder curtir filhos e netos, trabalhar, amar e usufruir a alegria de cada dia ao lado do companheiro. Infelizmente, outras viam apenas o que tinham perdido. Seu foco de atenção estava no que o bisturi cortou.

Cuide bem de sua percepção. Não defina suas metas com os olhos, e sim com o coração.

Quanto vale o sorriso de um filho? Pergunte a um milionário que acabou de perder o filho. Vale todo o dinheiro do mundo, mas ele só percebeu que possuía esse tesouro quando o perdeu.

Quanto vale seu casamento? Muitas pessoas só percebem a riqueza do casamento tempos depois da separação, quando descobrem que viviam com o amor da vida delas.

Se não conseguirmos ter essa percepção de plenitude, nada nos trará felicidade.

Gente deprimida luta para ter todas as riquezas, sem se dar conta de que a alegria de viver nasce do coração, e não das posses materiais. Gente insegura procura juntar todo o dinheiro do mundo, sem perceber que a segurança nasce da capacidade de acreditar na vida, e não da conta bancária. Se temos segurança, acreditamos, mesmo desempregados, em nossa capacidade de recomeçar, de estudar, de aprender.

A maioria das pessoas luta por metas que não levam à felicidade. Jogam a camisa fora porque o colarinho saiu de moda. Lotam a garagem de carros, mas têm medo de sair de casa para ir a uma festa. Usam a violência das ruas como desculpa, mas a verdadeira razão é a dificuldade de fazer contato. Compram casas de campo, mas nunca irão desfrutá-las porque têm medo do silêncio. Não suportam escutar a voz da consciência. Trabalham demais para juntar dinheiro e não conseguem reservar o fim de semana para cuidar de si próprias. Cuidam melhor da conta bancária que da alma.

Quantas pessoas perdem a vida correndo atrás de miragens, vivendo a ilusão de que a próxima conquista vai levá-las à felicidade? Com isso, acabam criando mais infelicidade para si mesmas e para as pessoas que amam...

Quando não estamos felizes, começamos a lutar por conquistas que acreditamos possam nos saciar. Entramos em uma viagem voraz. Ficamos gulosos e carentes. Nessa voracidade, começamos a comer como o obeso compulsivo, cujo prazer está apenas no ato de comer, e não em saborear o alimento.

Quando a pessoa sofre dessa doença, nada é suficiente para ela, pois não consegue perceber que já tem aquilo de que necessita. A gula nasce da falta de percepção da necessidade. A pessoa sente falta de afeto e procura saciar-se com sexo — nem todo o sexo do mundo acabará com a solidão de alguém.

Outras vezes, a pessoa sente falta de amor e procura poder. Não consegue perceber que já tem o amor da mulher ou do marido, dos filhos, dos amigos, e continua correndo atrás de um cargo mais importante, de uma situação social de prestígio.

Pessoas inseguras de suas conquistas não conseguem ser felizes. Quando alguém tem muito medo da pobreza e permite que esse medo domine seu coração, pode ter milhões de dólares e mesmo assim se sentir pobre. Não consegue perceber que pode saciar a sensação de pobreza dentro de si, e não com sua conta bancária.

Quando alguém teme a solidão, acaba ficando só ou quer conquistar muitas mulheres ou muitos homens para aplacar essa sensação de insegurança. Não percebe que a solidão precisa ser saciada dentro dela e com alguém a seu lado para amar.

*Sucesso é conseguir o que você quer.*
*Felicidade é conquistar o que você precisa.*

Ninguém precisa de três carros para ser feliz. Criamos objetos de desejo a todo momento. Competimos no limite com colegas de empresa para ter uma posição melhor. A maior parte das pessoas passa a vida procurando sentir-se importante para ter a sensação do sucesso. Mas sucesso sem qualidade de vida não é sucesso, é ilusão.

Por que Jimmi Hendrix, Janis Joplin, Elvis Presley e Kurt Cobain se mataram? Por que Marilyn Monroe, a mulher mais idolatrada de sua época, se suicidou? Eram pessoas no auge da vida, da beleza, da juventude. Por que morreram de overdose de drogas ou se mataram?

Algo aconteceu em sua vida que o ouro não saciou, a moeda não alimentou, o sucesso e os bens materiais não resolveram.

A insegurança interior leva a pessoa a perder o caminho da felicidade.

Quando nos permitimos refletir sobre o significado da vida percebemos que ela pode ser simples, que somos donos do sucesso, donos da experiência. Quando sentimos essa plenitude, é bonito ver como ela cresce interiormente.

O sucesso só tem sentido quando é conseqüência do crescimento interior. É triste ver um jogador como Maradona, que teve tudo a seus pés, perder a partida para as drogas. Ele não cresceu como pessoa, se perdeu em algum momento. Foi triste ver um ídolo como Garrincha deixar que o álcool consumisse sua vida. "Onde foi parar tudo o que ele conquistou?", você pergunta. Tudo o que ele conquistou acabou ajudando a destruir mais rapidamente sua vida.

Procure o significado dos seus sonhos, das suas lutas.

Reflita sobre o caminho que você está percorrendo. Não deixe que o sucesso destrua a sua felicidade.

*Sabedoria é ser dono do sentido*
*que se dá aos acontecimentos.*
*Maturidade é o que se aprende com*
*esses acontecimentos.*

O sucesso somente é importante quando você tem a sensação do amor dentro de si. O sucesso só tem sentido quando você lhe dá esse aspecto e se percebe realizando uma missão.

Lembre-se: os perdedores reclamam de tudo, dos pais, do chefe, da esposa, de Deus. Investem sua energia em encontrar um culpado em vez de resolver seus problemas. Os donos do futuro aprendem com as experiências de vida. Você pode até perder a partida, mas não perca a lição.

Conheço empresários que eram jovens inconseqüentes até que, de repente, perderam o pai. Tiveram de assumir as empresas da família e usaram a dor para deixar de lado a irresponsabilidade e se tornar guerreiros.

Talvez neste momento você esteja vivendo uma grande dor. Chore a sua perda, mas não se enterre com alguém que morreu. Use essa dor para transformar sua vida.

## A importância da atitude

"Para que repetir os erros antigos
quando há tantos erros novos a cometer?"

*Bertrand Russell*

A vitória é conseqüência de uma atitude produtiva diante da vida.

Um dos maiores cientistas do mundo foi Isaac Newton. Estava sentado debaixo de uma macieira quando, de repente, uma maçã caiu em sua cabeça. Se fosse um perdedor, diria um palavrão e pensaria: "Que azar, tudo dá errado para mim!" Newton pegou a maçã e começou a analisar por que ela havia caído. Descobriu a Lei da Gravidade e mudou o mundo.

Quando a maçã atingir sua cabeça, em vez de se lastimar e reclamar da vida, pergunte por que caiu e o que pode fazer com ela.

Quando você acordar gripado, em vez de reclamar, pense que isso é um sinal que pode ensinar-lhe alguma coisa. Talvez a gripe seja um alerta do corpo para trabalhar menos, ter mais tempo para você, parar um pouco. É importante estar atento à sua tranqüilidade, à serenidade interior. O mundo está pedindo pessoas serenas.

Às vezes, no ambiente de trabalho, todos estão angustiados. Em vez de ajudar, sem primeiro esclarecer sua angústia, a resolver as angústias alheias, coloque-se no centro de sua vida e comece a se analisar até que esteja em paz. Quando isso acontecer, ajude o outro a encontrar a serenidade. Só assim poderá capacitar-se a ser líder e empreender a missão de ajudar os companheiros a encontrar a força interior.

Sei que a maioria das pessoas diz que está angustiada e tensa por causa da falta de dinheiro. Mas quantas vezes você tinha dinheiro e ficou ansioso da mesma maneira? E quantas outras estava sem dinheiro e sereno? Então é no momento em que se sente dono de sua vida que você começa a mudar a turbulência do mundo e a transformá-lo em um lugar gostoso de viver.

## Dane-se o trabalho!

Conheço pessoas que trabalham mais de catorze horas por dia e não se dão o direito de curtir a vida. Chegam em casa exaustas, cumprimentam os familiares, comem alguma coisa e vão dormir para acordar cedo no dia seguinte e viver tudo de novo, igualzinho.

O trabalho é importante para a felicidade, mas não é tudo. Não é possível viver só para trabalhar. Acho o sucesso o máximo, mas muitas pessoas estão perdendo a referência do que seja viver.

À medida que você lê este livro, talvez pense em quantas coisas está perdendo na vida. Quero lhe dar uma sugestão: deixe uma garrafa de champanhe na geladeira. Um dia desses, quando acordar de madrugada com insônia pensando naquilo que está deixando de viver, vá até a geladeira e pegue o champanhe. Tenho certeza de que, nesse momento, sua neura vai lembrar: "Mas amanhã tenho de acordar cedo para trabalhar". Quero que você imediatamente responda: "Dane-se o trabalho!" Pegue o champanhe e duas taças bem bonitas e acorde sua esposa. Sabe o que ela vai dizer?

"Mas, amor, amanhã tenho que acordar cedo para trabalhar."

E o que você vai responder?

Exatamente: "Dane-se o trabalho!"

Conversem bastante, saboreiem o champanhe e transem bem gostoso.

Tenho certeza de que, no dia seguinte, os dois estarão tão felizes que nem vão sentir cansaço. Será o dia de maior criatividade dos últimos tempos. Vocês estarão mais produtivos que nunca. A pessoa apaixonada realiza mais.

Há muitos gerentes que inventam reuniões inúteis depois do expediente por medo de voltar para casa e mostrar incompetência amorosa. Qualquer dia vou escrever um artigo chamado "A importância da transa na produtividade organizacional".

Brincadeiras à parte, estou convencido de que sem amor não há felicidade nem sucesso no fim do caminho. Para ser felizes, temos de buscar o amor.

Quando falo em buscar o amor não me refiro apenas à procura do ser amado, mas também a amar mais e melhor.

## Reserve tempo para recarregar a bateria

Você precisa de tempo para ficar só consigo mesmo. Todos os dias, não importa a hora de acordar, de voltar do trabalho, de dormir, você necessita de um período de silêncio, sem TV, sem música, sem livro. Apenas para ouvir as batidas do coração e perceber a respiração.

Vivemos numa sociedade em que há muito barulho na rua e sons em casa o tempo todo. As pessoas correm alucinadamente atrás de vitórias e nunca param para escutar o coração.

Deixe a introspecção, a meditação e a oração entrarem em sua vida. Elas são fontes que nunca secam.

Procure acordar cinco minutos mais cedo para refletir sobre sua vida e orar. Em casa, tenho um oratório. Ele me ajuda a contatar a luz e a lembrança da força divina que sempre me guiaram. Para mim, é absolutamente importante orar todos os dias, agradecer a meus antepassados e pedir bênçãos para as novas gerações.

Medite, ore. Existe um momento para agradecer o que você recebeu e o que vai receber. Um momento para estar em silêncio e ouvir a voz de sua consciência. Para pensar: "Deus é meu amigo, exatamente o melhor amigo para comemorar comigo". Reserve algum tempo para conversar com Ele.

Quando você conversa com o Pai, sente Sua proteção, Sua orientação. Há muitos "eus" no mundo, muitos "meus", mas quando você se integra com a energia divina sente que nunca estará sozinho. A paz toma conta de você.

Medite sempre também. Meditar é um mergulho na própria alma. Sente-se num lugar confortável, relaxe e observe o que acontece dentro de você. Observe seus pensamentos, seus sentimentos e seus desejos silenciosamente, sem julgá-los. Os pensamentos que não dizem respeito a você desaparecem.

Os hindus dizem que a meditação é como uma criança que, da janela de uma casa, olha os movimentos da rua sem julgamento, sem críticas, simplesmente curiosa... Até a noite cair e tudo ficar em silêncio.

## Árvore, bicho ou gente?

"Quem decide pode errar.
Quem não decide já errou."
*Herbert von Karajan*

O ser humano tem toda a criatividade do mundo, mas infelizmente muitas pessoas simplesmente vegetam. Vivem como árvores. Paradas em casa, esperando pelo dia da libertação, que nunca chega.

Outras vivem como bichos: não pensam, não vêem significado nos acontecimentos da vida, simplesmente repetem os dias.

A árvore fica parada esperando o tempo passar, aguardando que o passarinho volte, que traga o pólen que irá fecundá-la. O animal é uma evolução dessa dinâmica da existência: tem movimento, vai atrás do que quer, mas repete infindavelmente seus atos, não cria nada. A melhor teia que uma aranha constrói é aquela que toda a sua espécie faz há séculos.

Quando o ser humano fica em casa, parado, esperando que as coisas aconteçam, regride ao estado da árvore. Quando simplesmente repete o que sempre fez, regride à condição de bicho.

*Árvore espera.*
*Bicho repete.*
*Gente cria!*

Quando o ser humano é criativo, tem sensibilidade e transforma o mundo, resgatando toda a sua força de filho de Deus.

E como posso criar mais amor e me comunicar melhor com as pessoas que amo se cada vez tenho menos tempo? Percebo que há pais muito criativos. Passam o tempo todo viajando, mas telefonam para os filhos todos os dias, mandam bilhetinhos, cartas, trazem lembranças das viagens. Dessa maneira, os filhos sempre sentem a presença deles, mesmo que estejam longe.

Os pais rotineiros, parados, não conseguem curtir os filhos ainda que estejam na sala de casa todos os dias.

O mesmo acontece nos casamentos em que não há criatividade. O casal repete gestos, palavras, discussões. Até o dia em que um dos dois rompe esse círculo vicioso e resolve parar de vegetar e viver como ser humano.

Não vegete!

Não viva se repetindo como um bicho!

Ponha sua criatividade para funcionar em todos os momentos da vida. Não perca tempo. A felicidade pode estar esperando a seu lado exatamente neste momento.

## Batalhe por seus sonhos

A sociedade não ajuda as pessoas a realizar seus sonhos. Existe cumplicidade na mediocridade. Uma cumplicidade que mostra para as pessoas o chão, e não o céu.

Por isso é importante batalhar por nossos sonhos. Não tenha vergonha deles. Muita gente sente vergonha de seus sonhos, mas esse é o primeiro passo para deixar de realizá-los, pois cria uma resistência, um bloqueio que, aos poucos, vão matando o que desejamos.

Sei que nossa cultura estimula as pessoas a serem modestas. Assim, elas gostam de dizer que têm sonhos pequenos, simples. Talvez você pense que seja sinal de arrogância falar de um sonho grande, mas tente compartilhá-lo com seu melhor amigo ou pelo menos conte-o a seu cônjuge. Assumir nossos desejos para nós mesmos e para as pessoas íntimas nos ajuda a materializá-los.

As pessoas mais felizes que conheço são aquelas que têm consciência de sua missão. Sabem por que vieram fazer esta viagem ao planeta Terra. Einstein dizia que "Deus não joga dados", ou seja, o que acontece no universo não é simples acaso, mas faz parte de uma lei cósmica.

As pessoas que aprendem esse jogo do universo são as que têm mais prazer em viver. Não deixam a vida ao sabor do acaso. Sabem que ela não é simplesmente um dia após o outro, é viver cada dia com a percepção de que podemos mudar o destino. Todos os dias, a cada decisão, a cada ação, estamos traçando nosso destino, o sucesso ou a derrota.

## Mergulhe na vida

"A vida é aquilo que acontece
enquanto fazemos planos."
*John Lennon*

É importante fazer planos, sonhar, mas é fundamental perceber que a vida está acontecendo agora. Então abra espaço em seu dia-a-dia para as coisas que realmente interessam.

Para descobrir que os pequenos fatos da vida em família podem lhe dar muito mais prazer que o troféu dos melhores do ano.

Para sentir o alívio provocado pelo som da chave na fechadura, a indicar que seu filho voltou para casa são e salvo no meio da madrugada.

Para saborear o prazer de uma macarronada com os amigos.

Para desfrutar a alegria de estar com a pessoa amada.

A maior parte da humanidade não percebe essa riqueza que chamamos de vida e luta sem parar pelo que não tem.

É essencial desfrutar o que temos. Porque chegará o dia em que, como diz o palestrante Gretz, se você não curtiu o som da chave de seu filho abrindo a porta, sentirá saudade do tempo em que o esperava acordado de madrugada.

Você, que hoje reclama de buscar os filhos em festas, daqui a algum tempo terá saudade dos momentos em que, apesar do sono, se sentia feliz por ouvir as histórias deles.

Infelizmente, muitas pessoas se preocupam mais em se proteger do sofrimento do que em ser felizes. Passam o tempo todo se perguntando o que fazer para não se sentir infelizes. Quando ficamos preocupados em evitar a infelicidade, não entramos em contato com nossos desejos.

Os donos do futuro, as pessoas que valem a pena, são aqueles que olham para a frente. Sabem que o pior da vida não é ser infeliz, pois ainda é possível lutar, ter um sonho e esperar um dia realizá-lo. O pior da vida é ser acomodado, é nunca ter perdido uma batalha impossível, é nunca ter arriscado nem ousado.

Quem vive com medo de se arriscar perde o sabor da vida. Se você perdeu a partida, paciência, faz parte da vida. Mas perca lutando. Pelo menos dê trabalho a seu adversário.

Eu me lembro do depoimento de um militar americano prisioneiro de guerra no Vietnã: "A prisão era muito dura, havia muitos castigos, muita humilhação. Um dia, percebi que estava murchando e me dei conta de que aquilo em que me transformava não era a pessoa que sempre admirei. Então decidi que, se tivesse de morrer, alguém teria de me matar. Eu não iria cometer suicídio antecipadamente".

Não se entregue nunca. Venda caro uma derrota. Pelo menos você terá a oportunidade de conquistar uma vitória. Não perca uma partida sem ter jogado.

Lute por sua felicidade mesmo que o preço a pagar sejam alguns momentos de tristeza.

As pessoas que valem a pena vão atrás de seus sonhos e aprendem a arriscar. Não deixam que o medo domine sua força interior e sua capacidade de transformação. Aceitam o jogo da vida, encaram os desafios. Não ficam chorando pelo leite derramado, pois sabem que perder faz parte do jogo. Principalmente sabem que a vida só tem sentido porque se sentem capazes de transformar não apenas a si mesmas mas também aqueles que amam.

Mergulhe na vida, lambuze-se no amor e voe em seus sonhos.

Há uma história que me inspira muito. Fala de um rio lindo, de águas cristalinas, que atravessava montanhas. Quando chegou à base de uma delas, descobriu que, do outro lado, havia um grande brejo. Então perguntou a Deus:

"Como pôde fazer isso comigo, Senhor? Eu, com águas transparentes e potáveis, agora vou virar brejo?"

"Depende de como você vai entrar nessa aventura. Se ficar com medo, tenso e preocupado, realmente chegará lá devagar e se tornará um brejo. Contudo, se mergulhar e for fundo nessa experiência, suas águas vão se espalhar pela superfície do mangue e evaporar. Depois se transformarão em nuvens e serão levadas pelo vento em direção ao mar. E você se transformará em um grande mar", respondeu o Senhor.

Espero que você se transforme em mar, no mar mais lindo que jamais existiu. Isso está em suas mãos, depende da maneira como você mergulha na vida.

Obrigado pelo tempo que compartilhou comigo. Espero que esta aventura o ajude a realizar seus sonhos e principalmente sua missão na Terra.

Para mim, viver não é somar números na conta bancária nem colecionar bens na declaração do Imposto de Renda.

Viver é realizar o compromisso que assumimos com nosso Mestre quando ainda estávamos do lado de lá.

Antes de fazer uma palestra ou escrever um livro, sempre procuro orar e pedir a Sua luz para que eu realize o melhor possível meu compromisso com Ele.

Para mim, ser dono do futuro não é ter um carro importado, roupas de grife ou uma casa na praia.

O verdadeiro dono do futuro é aquele que trabalha o dia inteiro, chega em casa e cuida da família. E ao deitar-se, cansado, o Pai entra em seu quarto, põe a mão em sua testa e lhe diz:

"Obrigado, meu filho (ou minha filha), por continuar a minha criação".

*Seja feliz!*

# Referências bibliográficas

BERNE, Eric. *O que você diz depois de dizer olá.* Nobel, 1991.

BRIDGES, William. *Making sense of life's changes*. Perseus Books, 1980.

CAMPBELL, Joseph. *O herói de mil faces*. Pensamento, 1995.

COX, Danny. *There are no limits*. Career Press, 1998.

CRAINER, Stuart. *The 75 greatest management decisions ever made*. Amacom, 1999.

DEAL & BOLMAN. *Leading with soul*. The Jossey-Bass, 1995.

GASALLA, José Maria. *Fábrica de talentos.* Gente, 1996.

GERBER, Michael. *O mito do empreendedor*. Saraiva, 1990.

HANMEL, Prahalad. *Competindo pelo futuro.* Campus, 1995.

KATZENBACH. *Real change leadears*. Random House, 1995.

KHALSA, Dharma Singh. *Brain longevity*. Warner, 1997.

NORRIS, Chuck. *The secret power within*. Broadway Books, 1996.

O'DONNELL, Ken. *Meditações para uma vida plena.* Gente, 1999.

PORRAS & COLLINS. *Feitas para durar.* Rocco, 1995.

POSNER & KOUZES. *Credibility.* The Jossey-Bass, 1995.

RUBINSTEIN, Mosche & FIRSTENBERG, Iris R. *The minding organization*. John Wiley & Sons, 1999.

STEVENS, Barry. *Não apresse o rio (ele corre sozinho)*. Summus, 1978.

TIBA, Içami. *O executivo e sua família.* Gente, 1998.

UNIVERSIDADE Mundial Brahma Kumaris. *Vivendo valores*. 3ª ed., 1999.

VIANNA, Marco Aurélio Ferreira. *A empresa ponto ômega*. Gente, 1996.

WHOLEY, Dennis. *The miracle of change*. Pocket Books, 1997.

☑ **SIM. Gostaria de receber gratuitamente informações sobre os lançamentos da Editora Gente.**

**Nome:** ______________________________

**Endereço:** ______________________________

**Cidade:** ____________ **UF:** ____ **CEP:** ______ - ____ ☐ Com.: ☐ Resid.:

**Tel.:** ____ - ____ - ____ **Fax.:** ____ - ____ **Data nasc.:** ____ (dia) - ____ (mês) - ____ (ano)

**E-mail:** ______________________________ **Sexo:** ☐ M ☐ F

**Estado civil:** ☐ Solteiro ☐ Viúvo ☐ Casado ☐ Divorciado

**Formação escolar:** ☐ 1º Grau ☐ Superior ☐ 2º Grau ☐ Pós-graduado

---

**Ocupação:**

- ☐ Estudante
- ☐ Prendas domésticas
- ☐ Empregado setor privado
- ☐ Empregado setor público
- ☐ Empresário
- ☐ Profissional liberal
- ☐ Autônomo
- ☐ Aposentado

**Áreas de interesse:**

- ☐ Marketing
- ☐ Tendências/Estratégia
- ☐ Recursos humanos
- ☐ Finanças/Economia
- ☐ Psicologia
- ☐ Auto-ajuda
- ☐ Religião
- ☐ Esoterismo
- ☐ Outros: ____________

**Onde você comprou este livro?**

______________________________

**Aspecto mais interessante:**

☐ Preço ☐ Autor ☐ Capa ☐ Editora ☐ Assunto

**Nº de livros comprados no último ano:**

☐ Até 10 ☐ 11-20 ☐ +20

☐ Não gostaria de receber promoções de outras empresas

1 0 4 3 6

DOBRE AQUI E COLE

PRT/SP-5421/99
UP-AC GUAICURUS
DR/SÃO PAULO

# CARTA RESPOSTA

NÃO É NECESSÁRIO SELAR

O SELO SERÁ PAGO POR

## EDITORA GENTE

05033-999 SÃO PAULO - SP

DOBRE AQUI